Wissenschaftliche Beiträge aus dem Tectum Verlag

Reihe Philosophie

AF618596

Wissenschaftliche Beiträge
aus dem Tectum Verlag

Reihe Philosophie
Band 22

Adam Galamaga

Die Philosophie der Menschenrechte von Martha C. Nussbaum

Eine Einführung in den Capabilities Approach

2., aktualisierte und erweiterte Auflage

Tectum Verlag

Adam Galamaga
Die Philosophie der Menschenrechte von Martha C. Nussbaum
Eine Einführung in den Capabilities Approach

2., aktualisierte und erweiterte Auflage

Wissenschaftliche Beiträge aus dem Tectum Verlag,
Reihe: Philosophie; Bd. 22

Umschlag: Tectum Verlag, unter Verwendung der Abbildung # 79647754
von Cienpies Design | www.shutterstock.com

© Tectum – ein Verlag in der Nomos Verlagsgesellschaft, Baden-Baden 2021
ISBN 978-3-8288-4499-5
ePDF 978-3-8288-7535-7
ISSN: 1861-6844

Gesamtverantwortung für Druck und Herstellung
bei der Nomos Verlagsgesellschaft mbH & Co. KG

Printed in Germany

Alle Rechte vorbehalten

Besuchen Sie uns im Internet
www.tectum-verlag.de

Bibliografische Informationen der Deutschen Nationalbibliothek
Die Deutsche Nationalbibliothek verzeichnet diese Publikation
in der Deutschen Nationalbibliografie; detaillierte bibliografische
Angaben sind im Internet über http://dnb.d-nb.de abrufbar.

Inhalt

Vorwort zur zweiten Auflage

Im Denken von Martha C. Nussbaum lassen sich in den letzten Jahren einige Akzentverschiebungen festmachen, die ihre „starke vage Theorie des Guten" in einem neuen Licht erscheinen lassen. In den vier Monographien, die seit Erscheinen der ersten Auflage dieser Einführung im englischen Original (inzwischen vollzählig auch in deutscher Übersetzung)[1] veröffentlicht wurden, sind mindestens drei Schwerpunkte erkennbar. Zum einen (1) ist Nussbaum bestrebt, die Rolle politischer Gefühle im demokratischen Diskurs, im Kontext menschlicher Entwicklung und bei der Identifizierung von Diskriminierungserfahrungen zu verdeutlichen, welche auf die mangelnde Sicherung der „Befähigungen" (Capabilities) hinweisen. Ferner enthalten ihre neuen Schriften zur Stellung des religiösen Glaubens in westlichen Gesellschaften einige Impulse, die den ursprünglichen feministischen Ansatz ergänzen bzw. in mancher Hinsicht in Frage stellen (2). Nussbaums neueste Monografie zum Kosmopolitismus, die 2020 in deutscher Sprache erscheint, vertieft schließlich den Gedanken globaler

1 *Die neue religiöse Intoleranz. Ein Ausweg aus der Politik der Angst* (2014); *Zorn und Vergebung: Plädoyer für eine Kultur der Gelassenheit* (2017); *Königreich der Angst. Gedanken zur aktuellen politischen Krise* (2019); *Kosmopolitismus. Revision eines Ideals* (2020). Alle deutschen Fassungen sind durch die Wissenschaftliche Buchgesellschaft mit Sitz in Darmstadt verlegt worden. In dieser zweiten Auflage der Einführung in den Capabilities Approach wird grundsätzlich aus den deutschsprachigen Veröffentlichungen zitiert. Das englische Original wird an den Stellen herangezogen, bei denen dies für das Verständnis des erörterten Sachverhalts geboten erscheint.

Gerechtigkeit, wenngleich das Resultat dieser Analyse, wie es zu zeigen sein wird, in der Gesamtschau unbefriedigend bleibt (3).

Die drei Akzentverschiebungen bedeuten keineswegs, dass Nussbaums Version des Capabilities Approach innerhalb der Politischen Philosophie neu zu verorten wäre oder gar komplett anders interpretiert werden müsste. Ihre neuen Werke haben nicht zum Ziel, die Grundvoraussetzungen der bereits im Entstehungsstadium als offen gedachten Konzeption des menschlichen Wohlergehens zu erschüttern. Dennoch lassen sich speziell in der aktuellen Sekundärliteratur vermehrt Kritikpunkte zu den Grundannahmen des Capabilities Approach sowie kontroverse Debatten zu deren Anwendungsmöglichkeiten finden. Die nach wie vor intensive Rezeption des Nussbaumschen Denkens, die durch die Gründung der Human Development and Capability Association (HDCA) in Boston noch befeuert wurde, macht neue Erkenntnisse möglich, mit denen die ursprüngliche Version des Capabilities Approach weitergedacht werden kann – so weit, dass Ingrid Robeyns, eine der aktivsten Forscherinnen innerhalb der HDCA, sogar ein elaboriertes Theoriegebilde namens „Capabilitarianism" vorschlägt, der dem Umfang nach die Konzeption von Nussbaum (in offener Auseinandersetzung mit ihr) deutlich übertrifft.[2]

Neben kritischer Erörterung der neuen Monographien von Nussbaum und einiger Fachbeiträge, die insbesondere in Kapitel 6 Berücksichtigung finden, ist die Problematik der Fundierung der Menschenrechte um mehrere Ergänzungen, unter anderem zu den naturrechtlichen Ansätzen und zum Begriff der Menschenwürde, reicher geworden. Im Zuge dessen bekam das Kapitel „Der Capabilities

2 Siehe Kapitel 6.3. Auf die Vielschichtigkeit des Ansatzes, bedingt auch durch die unüberschaubar gewordene Literatur in den letzten 20 Jahren, weist Deneulin hin: „Some see it [Capabilities Approach] only as a framework for assessing states of affairs; others see it as a partial theory of justice. Some see it as an exaltation of individual freedom and choice, and criticize it for not paying attention to oppressive social structures; others see it as a liberating force from oppression." Deneulin, Séverine (2014): Wellbeing, Justice and Development Ethic, Oxon: Routledge, S. 6.

Approach als eine Menschenrechtskonzeption" wichtige Nachjustierungen. Ferner enthält der Exkurs zum Human Development Index nunmehr eine Darstellung aktueller Messinstrumente des Wohlstandes, die in den letzten Jahren auf nationaler wie internationaler Ebene gleichermaßen eine wichtige Rolle gespielt haben und auf die Grundannahmen des Capabilities Approach direkt oder indirekt zurückgreifen.

Zitierte Schriften, die im Internet frei abrufbar sind, wurden jeweils mit dem aktuellen Zugriffsdatum versehen bzw. die Angaben hierzu entsprechend berichtigt oder entfernt. Das Literaturverzeichnis umfasst die neu besprochenen Werke. Zu guter Letzt wurde diese zweite Auflage mit einem Personen- und Sachregister ausgestattet, das das Nachschlagen der einführenden Grundbegriffe entscheidend erleichtern dürfte.

Im Oktober 2020 Adam Galamaga

1 Einleitung

Das Erkenntnisinteresse dieses Buches lässt sich in drei Punkte zusammenfassen. Zunächst soll der Frage nachgegangen werden, inwieweit sich die „starke vage Theorie des Guten“ von Martha C. Nussbaum als eine eigenständige Theorie der Menschenrechte begreifen lässt (Kapitel 1–3). Zu diesem Zweck werden die mögliche Einordnung des Capabilities Approach innerhalb der Politischen Philosophie sowie dessen theoretische Grundlagen erörtert, die Elemente der aristotelischen, liberalen und feministischen Tradition aufweisen. Es soll aufgezeigt werden, dass der Katalog menschlicher Grundfähigkeiten, die Martha C. Nussbaum unter Rekurs auf anthropologische Annahmen formuliert, ihrem Gehalt und Anspruch nach den Menschenrechten im Wesentlichen entspricht. Der zweite Punkt betrifft Aufgaben für die öffentliche Politik, die sich aus Nussbaums Capabilities Approach ergeben (Kapitel 4). Die Hauptmerkmale der „aristotelischen Sozialdemokratie“ sowie die mit dem Capabilities Approach eng zusammenhängende Kritik an herkömmlichen Messinstrumenten der Lebensqualität sollen näher erläutert werden. Der Gedanke globaler Gerechtigkeit, der sich aus dem Universalitätsanspruch der explizit normativen Konzeption von Nussbaum ergibt, wird ebenfalls behandelt. Dabei soll gezeigt werden, dass der Capabilities Approach das Potenzial eines plausiblen und grundsätzlich auf jede Gesellschaft übertragbaren Modells sozialer Gerechtigkeit aufweist. Der dritte und letzte Punkt betrifft die Frage, inwieweit sich Nussbaums Capabilities Approach gegenüber konkurrierenden Gerechtigkeitstheorien zu behaupten vermag (Kapitel 5). Dabei wird auf die Argumente der Utilitaristen und auf die Konzeption der Grundgüter von John Rawls eingegangen. Es wird die These verteidigt, dass Nussbaums Kritik an egalitärem Liberalismus von Rawls, der sich auf die Ausarbeitung der „Grundstruktur" der Gesellschaft beschränkt, berechtigt und überzeugend ist. Die Arbeit wird mit einer Erörterung der in der Forschungsliteratur am häufigsten vorgebrachten Vorwürfe gegen den Capabilities Approach abgeschlossen.

1.1 Anthropologische Begründungsversuche der Menschenrechte

Die Frage nach der Grundlegung der Menschenrechte stellt sich in der Politischen Philosophie vor dem Hintergrund der in Widerspruch geratenden Menschenrechts- und Entwicklungspolitiken heute dringender denn je. Die „neue Unübersichtlichkeit" im Verständnis der Menschenrechte, die sich darin äußert, dass der Menschenrechtsbegriff wegen der Aufwertung zum Bestandteil des Völkerrechts, der Ausdifferenzierung in Spezialdiskurse und der fortschreitenden Inflationierung (vgl. etwa die Parole „Menschenrecht auf Internetzugang") inhaltlich immer diffuser wird, stellt die Begründung der Menschenrechte vor neue Probleme.[3]

In der Menschenrechtstheorie ist von drei Generationen der Menschenrechte die Rede, die sich empirisch aus dem Hintergrund der historischen Begriffsentwicklung herleiten lassen. Die freiheitlich-bürgerlichen Rechte wurden im 17. und 18. Jahrhundert, die sozialen Rechte im 19. und 20. Jahrhundert und die kollektiven Rechte nach 1970 im Zuge der Globalisierungskritik formuliert. Aufgrund neuer ethischer Zusammenhänge, die sich aufgrund von Digitalisierung oder Bioethik aufdrängen und nach rechtsphilosophischer Begrün-

3 Vgl. Bielefeldt, Heiner (1998): Philosophie der Menschenrechte. Grundlagen eines weltweiten Freiheitsethos. Darmstadt: Wiss. Buchges., S. 6 f.

dung rufen, ist es berechtigt, mittlerweile von einer vierten Generation der Menschenrechte zu sprechen. Hilpert zählt einige Beispiele auf, die heute „weithin" als neue Menschenrechte gelten könnten: das Recht auf informationelle Selbstbestimmung, das Recht auf Gewährleistung der Vertraulichkeit und Integrität, das Recht auf Nichtwissen, das Recht auf Kenntnis der eigenen Abstammung, das Recht auf Privatheit und Anonymität im Netz, das Recht auf Frieden, das Recht auf saubere Umwelt, das Recht auf Wahrheit.[4] Diese beispielhafte Aufzählung zeigt, dass sich der Menschenrechtsgedanke im stetigen Wandel befindet und tendenziell immer schwieriger zu begründen ist. Denn je länger die Liste grundlegender Rechte wird, umso weniger konsensfähig erscheint sie in einem globalen „Wettbewerb der Ideen". Eine solide Theorie der Menschenrechte muss gerade objektiv vorhandene kulturelle Unterschiede ernst nehmen und den Universalitätsanspruch der Menschenrechte, der durch ebenjene Unterschiede erschwert ist, auf überzeugende Weise rechtfertigen können. Die unüberbrückbar erscheinende Diversität menschlicher Kulturen legt einen Relativismus nahe, der die Begründung des Universalitätscharakters der zunächst in der westlichen Zivilisation populär gewordenen Menschenrechtsidee als ein umstrittenes Unterfangen erscheinen lässt. Ob im Hinblick auf die Scharia oder „asiatische Werte" sehen sich die Anhänger des Universalismus kontinuierlich in der Pflicht, die Existenz und Geltung der universalen Menschenrechte mit guten Argumenten zu verteidigen.[5] Der global ausgetragene Diskurs um die

4 Vgl. Hilpert, Konrad (2019): Ethik der Menschenrechte. Zwischen Rhetorik und Verwirklichung, Paderborn: Fredinand Schöningh, S. 269 ff.

5 Vgl. Menke, Christoph/Arnd Pollmann (2007): Philosophie der Menschenrechte zur Einführung. Hamburg: Junius, S. 71 ff. Hilpert weist darauf hin, dass die „asiatischen Werte" den westlichen Werten keineswegs nur in akademischen Disputen gegenübergestellt werden. Vielmehr nehmen solche Versuche eine konkrete politische Gestalt an. Beispielsweise brachten in der wenig beachteten (und offenkundig bis heute nicht in deutscher Übersetzung vorliegenden) Deklaration von Bangkok aus dem Jahr 1993 asiatische Unterzeichnerstaaten ein dezidiert kollektivistisches Verständnis von Menschenrechten zum Ausdruck. Menschenrechte werden dort, anders als in der auf das Individuum bezogenen Allgemei-

Menschenrechte zeigt, dass der Menschenrechtskatalog westlicher Prägung nicht ohne Weiteres nicht zu verallgemeinern und auf die gesamte Welt zu übertragen ist.[6] Dem kann begegnet werden, indem die These von einem „westlichen Konstrukt" selbst angefochten wird. Wie Bielefeldt bemerkt, gibt es „kein homogenes „westliches" Menschenrechtsverständnis, das beispielsweise einer mehr oder weniger einheitlichen „islamischen" Menschenrechtskonzeption gegenüberstünde. Vielmehr war und bleibt der Kampf um Menschenrechte eine politische Auseinandersetzung, in der die religiöse, weltanschauliche bzw. kulturelle Herkunft der Menschen zwar gewiß eine Rolle spielt, aber weder die politischen Zielvorstellungen noch die Überzeugungskraft normativer Argumente vorab determiniert".[7] Demgegenüber kann auf die Kairoer Erklärung der Menschenrechte im Islam von 1990 hingewiesen werden, die eine dezidiert abweichende Konzeption als die westlich geprägte Allgemeine Erklärung der Menschenrechte darstellt. Im Idealfall würden sich aus einer Menschenrechtskonzeption Grundprinzipien für globale Gerechtigkeit ableiten lassen, deren Relevanz in einer durch Interdependenz charakterisierten Welt ständig an Bedeutung zunimmt. Die Frage nach dem „westlichen Konstrukt" ist daher nicht von der Hand zu weisen, sie bedarf guter Gegenargumente und einer philosophischen Fundierung.

Ein Begründungsversuch ist historisch in Menschenrechtskonzeptionen **religiöser** und **naturrechtlicher** Provenienz zu suchen, die den Vorteil metaphysischer Sicherheit mit sich brachten. Naturrechtliche Konzeptionen, die vielfach mit dem unscharfen Begriff der Menschenwürde operieren und zudem stets die Gefahr eines natürlichen Fehlschlusses in sich bergen, haben sich in der Kodifizierung

nen Erklärung der Menschenrechte von 1948, als nicht universal gedacht. Vgl. Hilpert 2019, S. 234.

6 Vgl. die klassisch gewordene menschenrechtsskeptische Position in: Pollis, Adamantia/Peter Schwab (1979): Human Rights. A Western Construct with Limited Applicability. In: Dies. (Hrsg.): Human Rights. Cultural and Ideologiacal Perspectives. New York: Praeger, S. 1–18.

7 Bielefeldt 1998, S. 205.

der Menschenrechte weitgehend durchgesetzt. Man findet nur wenige Menschenrechtserklärungen ohne Verweis auf die Menschenwürde, wobei diese entweder als „naturgegeben" oder als normativer Sollenssatz formuliert wird.[8] Das vielleicht prominenteste Gegenbeispiel ist die Europäische Menschenrechtskonvention aus dem Jahre 1950, in der Rechtsansprüche nicht auf Grundlage von Menschenwürde, sondern von „Grundfreiheiten" postuliert wurden. Eine der Verfassungen mit explizitem Rückgriff auf das Menschenwürdeprinzip ist das Grundgesetz der Bundesrepublik Deutschland. Dass Menschenrechte aus dem Gedanken der Menschenwürde im Grundgesetz direkt abgeleitet werden, weist Jörn Müller nach, der die unmittelbare logische Verknüpfung im Wort „darum" im zweiten Absatz des Artikel 1 erfüllt sieht: „Die Würde des Menschen ist unantastbar. Sie zu achten und zu schützen ist Verpflichtung aller staatlichen Gewalt. Das Deutsche Volk bekennt sich *darum* zu unverletzlichen und unveräußerlichen Menschenrechten als Grundlage jeder menschlichen Gemeinschaft, des Friedens und der Gerechtigkeit in der Welt.[9] Die Menschenwürde ist im Grundgesetz als oberstes Prinzip bzw. als eine Grundnorm aufgefasst, die per Definition keiner weiteren Begründung bedarf. Sie ist, den Worten des Bundespräsidenten Theodor Heuss folgend, eine „nicht interpretierte These".

Dennoch ist es legitim zu sagen, dass axiomatische und metaphysische Ansätze, die in nicht mehr überzeugenden Letztbegründun-

8 Haller sieht in der modernen Naturrechtslehre eine grundsätzliche Tendenz zur Erforschung der Natur der Menschen „wie sie nun einmal ist" im Gegensetz zu der traditionellen Naturrechtslehre von einer Natur, wie sie „sein sollte". Zur Rettung der naturrechtlichen Menschenrechtskonzeption siehe: Haller, Gret: Die Rolle der Demokratie in Begründung, Bedeutung und Durchsetzung der Menschenrechte. In: Menschenrechte: Begründung, Bedeutung, Durchsetzung, hrsg. v. Daniela Demko u. a., Würzburg 2015, Verlag Königshausen & Neumann, S. 11–21, hier: 14.

9 Müller, Jörn (2011): Menschenwürde als Fundament der Menschenrechte: Eine begründungstheoretische Skizze. In: Die großen Kontroversen der Rechtsphilosophie, hrsg. v. Bernward Gesang u. Julius Schälike, Paderborn: mentis Verlag, S. 99–122, hier: S. 99.

gen münden, aus philosophiegeschichtlichen Gründen in den Hintergrund geraten sind. Neben **moralischen** Begründungsversuchen der Menschenrechte beherrschen vor allem die **politischen** Begründungsversuche die aktuelle Debatte, wobei ein weitgehender Konsens darüber herrscht, dass es sich bei den Menschenrechten um historische, kontingent entstandene Konstruktionen und Projekte handelt.[10] Ein weitgehender (maximalistischer) Begründungsansatz dieser Art ist bei dem Diskurstheoretiker Jürgen Habermas zu erkennen, für den politische Verfahren und deren Ergebnisse der Ursprung und zugleich die Konsequenz der Menschenrechte sind.[11] Seine These von der Gleichursprünglichkeit der Volkssouveränität und Menschenrechte ist an den Gedanken geknüpft, Demokratie sei die beste Garantie für die Wahrung der Menschenrechte. Diese Konzeption hat wie grundsätz-

10 Vgl. Lohmann, Georg: Was muss man wie bei den „Menschenrechten" begründen. In: Menschenrechte: Begründung, Bedeutung, Durchsetzung, hrsg. v. Daniela Demko u. a., Würzburg 2015, Verlag Königshausen & Neumann, S. 23–69, hier: S. 41.

11 „Menschenrechte mögen moralisch noch so gut begründet werden können; sie dürfen aber einem Souverän nicht gleichsam paternalistisch übergestülpt werden. Die Idee der rechtlichen Autonomie der Bürger verlangt ja, daß sich die Adressaten des Rechts zugleich als dessen Autoren verstehen können. Dieser Idee widerspräche es, wenn der demokratische Verfassungsgesetzgeber die Menschenrechte als so etwas wie moralische Tatsachen schon vorfinden würde, um sie nur noch zu positivieren", Habermas, Jürgen: Die Einbeziehung des Anderen. Studien zur politischen Theorie. Frankfurt am Main: Suhrkamp 1996, S. 301. Gerade aufgrund dieser These sieht Nummer-Winkler in Nussbaums Capabilities Approach, der einen ausformulierten Katalog menschlicher Fähigkeiten in Form von menschenrechtsähnlichen Ansprüchen an den Staat postuliert (siehe Kapitel 4.2), einen plausiblen Gegenentwurf zu Habermas: „Etliche moderne Moralphilosophen (u. a. Nussbaum, Gert, Rawls) suchen ein Minimalset inhaltlich definierter Normen aus den Bedingungen der menschlichen Existenz oder der sozialen Kooperation abzuleiten. Im Gegensatz dazu beschränkt sich Habermas – hierin den Strukturalisten ähnlich, die allein auf eine Analyse der formalen Aspekte der Urteilsbegründungen abzielen – auf die bloße Bestimmung des Verfahrens der Begründung gültiger Normen. Aus seiner Sicht sichern die Bedingungen des herrschaftsfreien Diskurses die universelle Gültigkeit der konsentierten Normen. Inhalte seien in nachmetaphysischer Zeit nicht mehr festlegbar". In: Brunkhorst, Hauke u. a. (Hrsg.) (2015): Habermas-Handbuch. Sonderausgabe, Stuttgart: J. B. Metzler, S. 61.

lich alle politischen Begründungsversuche einen beachtlichen Nachteil: Menschenrechte erscheinen wegen begrifflicher Gebundenheit an die politische Umsetzung als lokal begrenzt. Durch die Betonung der Partikularität politischer Ordnungen, in denen Menschenrechte in Form des gesetzten Rechts jeweils erst *fundiert* werden, kann ihr überpositiver Charakter schwer verteidigt werden. Habermas scheint diesem Problem entgehen zu wollen, indem er auf ein in allen Kulturen vorhandenes Menschenrechtspotenzial hinweist.[12] Der schwache Hinweis vermag jedoch nicht, die These von der Gleichursprünglichkeit von Demokratie und Menschenrechten zu retten. Zudem wird innerhalb der diskurstheoretischen Analyse vielfach befürchtet, dass sich die Ausgestaltung der Menschenrechte und deren Implementierung von politischen Prozessen weitergehend abkoppelt und rein juristischen Akteuren überlassen wird, wodurch ihr deliberativer Charakter eigentlich zunichte gemacht wird.[13]

Eine andere Variante der politischen Begründung besteht in der Vorstellung eines „universalisierenden Grundes" der Menschenrechte, demzufolge der Menschenrechtsgedanke zwar lokal entstanden ist, sich dennoch in anderen kulturellen Kontexten reproduzieren lässt.[14] Ein solches Verständnis der Menschenrechte scheint allerdings den Menschenrechtsbegriff selbst zu desavouieren. Dem Menschenrechts-

12 „Die negativen Pflichten einer universalistischen Gerechtigkeitsmoral (...) sind in allen Kulturen verankert und korrespondieren glücklicherweise mit den juristisch präzisierten Maßstäben", Habermas, Jürgen: Konstitutionalisierung des Völkerrechts und die Legitimationsprobleme einer verfassten Weltgesellschaft. In: Brugger, Winfried/Ulfrid Neumann/Stephan Kirste (Hrsg.): Rechtsphilosophie im 21. Jahrhundert. Frankfurt am Main: Suhrkamp 2008, S. 360–379, hier: S. 375.

13 Vgl. Haller: „Wenn Gerichte statt politischer Organe über die Fortentwicklung der Grund- und Menschenrechte bestimmen, ist diese Entwicklung [der politischen Willensbildung] nicht mehr offen". Haller, Gret: Die Rolle der Demokratie in Begründung, Bedeutung und Durchsetzung der Menschenrechte. In: Menschenrechte: Begründung, Bedeutung, Durchsetzung, hrsg. v. Daniela Demko u. a., Würzburg 2015, Verlag Königshausen & Neumann, S. 11–21, hier: S. 20.

14 Vgl. u. a. Walzer, Michael: Nation und die Welt. Universalismus und Partikularismus in Moral und Politik. In: Ders., Lokale Kritik – globale Standards. Hamburg: Rotbuch 1996, S. 139–198.

begriff wohnt bereits ein kategorischer Universalismus inne. Menschenrechte werden als Entitäten gedacht, die einem jeden Menschen allein aufgrund seines Menschseins, das heißt bedingungslos und somit auch unabhängig von politischen Universalisierungsprozessen, zustehen. Der Fokus auf die Universalisierung der Menschenrechte verfehlt deren ontologischen Status, demzufolge rechtliche Postulate unmittelbar in der Natur des Menschen begründet sind.[15]

Wenn der Universalismus der Menschenrechte, der auf die Behebung der Ungleichheit und Ungerechtigkeit im politischen Raum abzielt, normativ gehaltvoll sein soll, dann müssen die Vergleichbarkeit und Gleichberechtigung der Menschen begründet werden.[16] Da die Bestimmung *des* Menschen wegen der Vielfalt an Menschenbildern und der unterschiedlichen Gesellschaftsmodelle in der Welt umstritten bleibt, ist das Hauptproblem der Universalitätsbegründung in Wahrheit ein anthropologisches. Der Menschenrechtsbegriff wird erst dann überzeugend, wenn seine Rechtfertigung im Rahmen der politischen Anthropologie durch die Bestimmung universaler menschlicher Eigenschaften erreicht wird. Ob dieses Vorhaben Aussichten auf Erfolg hat, ist spätestens seit dem Aufkommen des Strukturalismus und Neopragmatismus umstritten.[17] Der postmodernen Radikalkritik der politischen Anthropologie liegt der Gedanke zugrunde, dass ein Bekenntnis zu politischen Werten losgelöst von einer bestimmten Betrachtung der Menschennatur legitimiert werden kann. Von Richard Rorty wird etwa die Ermittlung der Bedingungen des Menschseins als ein sinnloses Unterfangen dargestellt, denn „Themen, die das ahistorische Wesen des Menschen, die Natur des Ich, die Motivation moralischen Verhaltens und den Sinn des mensch-

15 Zum jüngsten Rettungsversuch für diesen Ansatz vgl. Mastrorandi, Philippe: Menschenrechte und Diskurs – Reflexionen über einen Begründungszusammenhang. In: Menschenrechte: Begründung – Universalisierbarkeit – Genese, hrsg. v. Kurt Seelmann: Berlin 2017: Walter de Gruyter, S. 69–101.

16 Vgl. Menke/Pollmann 2007, S. 45.

17 Vgl. Jörke, Dirk (2005): Politische Anthropologie. Eine Einführung. Wiesbaden: Verlag für Sozialwissenschaften, S. 48.

lichen Lebens betreffen, können wir außer Acht lassen, wenn es um die Theorie der Gesellschaft geht. Diese Themen behandeln wir als politisch irrelevant, so wie Jefferson es mit Problemen hinsichtlich Dreifaltigkeit und Transsubstantiation hielt“[18]. Menschenrechte können Rorty zufolge ausschließlich als kontingente Resultate menschlicher Praxis gegenseitiger Anerkennung, niemals als anthropologische Konstanten aufgefasst werden.

Anthropologische Begründungsversuche der Menschenrechte, die sich neben Angriffen von Seiten postmoderner Denker stets auch gegen den Vorwurf eines naturalistischen Fehlschlusses sowie des (westlichen) Kulturimperialismus wehren müssen, beharren auf kulturinvarianten Annahmen über die menschliche Funktionsweise und sind bestrebt, den universalen Charakter des Menschenrechtsbegriffes unter Verweis auf die menschliche Natur zu rechtfertigen. Aufgrund der faktisch bestehenden kulturellen Differenzen und der Vielfalt von Menschenbildern neigen die Anhänger des anthropologischen Ansatzes verständlicherweise dazu, die Liste anthropologischer Prämissen möglichst kurz zu halten. Das ist beispielsweise in der Partialanthropologie von Otfried Höffe der Fall, der im Rahmen seiner Gesellschaftsvertragstheorie die Durchsetzung „transzendentaler Interessen“ durch allgemein anzutreffende „Vorteilsüberlegungen“ bestätigt sieht. Höffes Programm „Anthropologie plus Ethik“ (wie er es selbst bezeichnet) zielt nicht auf die Ausarbeitung einer perfektionistischen Konzeption des Guten ab, sondern ist mit dem Hobbesschen Verweis auf die konflikthafte Natur des Menschen minimalistisch gehalten und lediglich um die Garantie von Rechten bemüht.[19]

18 Rorty, Richard: Der Vorrang der Demokratie vor der Philosophie. In: Ders., Solidarität oder Objektivität? Drei philosophische Essays. Stuttgart: Reclam 1988, S. 82–125, hier: S. 89 f.

19 „Der Gedanke der Menschenrechte begnügt sich mit dem, was den Menschen als Menschen möglich macht; in bewusster anthropologischer Bescheidenheit konzentrieren sie sich auf die Anfangsbedingungen“ Höffe, Otfried: Ein transzendentaler Tausch. Zur Anthropologie der Menschenrechte. In: Philosophisches Jahrbuch 99 (1992), 1. Halbband, S. 1–28, hier: S. 12. Das auf ein universales „Geben und Nehmen“ reduziertes Menschenbild von Höffe wird zu Recht als

Es handelt sich bei Höffe gewissermaßen um einen Versuch, die Notwendigkeit von Recht aus Annahmen über die Konfliktnatur des Menschen herzuleiten, also um eine Art negative Begründung.[20] Anders Martha C. Nussbaum, die von der optimistischeren Konzeption eines *zoon politikon* von Aristoteles Gebrauch macht und ihrem Begründungsversuch der Menschenrechte eine essentialistische Lehre vom Menschen zugrunde legt. Ihre Liste menschlicher Grundfähigkeiten, die explizit auf anthropologischen Annahmen fußt und den Kern des hier zu behandelnden Capabilities Approach darstellt, wird von Nussbaum nicht dogmatisch, sondern als ein offener und intuitiver Vorschlag aufgefasst, der als Arbeitsgrundlage für die praktische Menschenrechtsarbeit und Entwicklungshilfe verwendet werden kann.[21] Dennoch erhebt Nussbaums ethisch-normativer Ansatz einen starken Anspruch auf universale Geltung und ist, anders als Höffes Konzeption, nicht bloß um die „Garantie von Rechten", sondern um eine umfassende Befähigung der Bürger zu einem guten Leben bemüht.

Der politische Aspekt spielt eine wichtige Rolle im Capabilities Approach von Martha C. Nussbaum, hat jedoch – anders als es bei

zu minimalistisch kritisiert. Vgl. zum Beispiel Krenberger: „Höffe [übersieht] die fundamentale Bedeutung der anthropologischen Prämisse auch für sein auf menschliches Handeln gestütztes Tauschkonzept: Ohne eine Antwort auf die Frage, wer dieser Mensch ist, der handelt oder tauscht oder Menschenrechte in Rechtsgütern positiviert, ist keine Theorie hinsichtlich der Legitimation von Menschenrechten oder hinsichtlich eines gesellschaftlichen Wandels möglich". Krenberger, Verena (2008): Anthropologie der Menschenrechte. Hermeneutische Untersuchungen rechtlicher Quellen. Würzburg: Ergon, S. 73 [=Studien zur Phänomenologie und praktischen Philosophie].

20 Vgl. Jörke 2005, S. 99. Wohlgemerkt ist Höffes Projekt als eine *partielle* Konfliktanthropologie zu sehen, denn neben der Möglichkeit von Gewalt gehören auch Kooperation und Solidarität zum menschlichen Potenzial. Vgl. auch Höffe, Otfried (1999): Demokratie im Zeitalter der Globalisierung, München: C. H. Beck, S. 39.

21 Dies nur unter bestimmten Bedingungen, was von Nussbaum in ihrer neuesten Monographie betont wird: „Ich habe darauf bestanden, dass Entwicklungshilfe von demokratischen Institutionen geleitet werden muss, da ich in Bezug auf Rechenschaftspflicht und Souveränität eine normative Position vertrete". Nussbaum, Martha C. (2020): Kosmopolitismus. Revision eines Ideals, Darmstadt: Wissenschaftliche Buchgesellschaft, S. 285.

den genannten politischen Rechtfertigungsversuchen der Menschenrechte der Fall ist – keine konstitutive Bedeutung. Der Ausgangspunkt des Capabilities Approach ist nicht der Fokus auf eine gerechte Gestaltung politischer Verfahren, sondern auf den Menschen selbst. Konkret: Die Menschenrechte in Gestalt von Ansprüchen an die öffentliche Ordnung ergeben sich nicht in Folge rationaler Vertragsregelung oder aus dem Primat moralischer Verpflichtungen, die zwischen dem Staat und seinen Bürgern bestünden, sondern vielmehr aus dem anthropologisch begründeten und über die jeweilige Kultur hinausgehenden Faktum der Bedürftigkeit und Verletzlichkeit des Menschen, das in einem angemessenen politischen Rahmen besondere Beachtung finden muss.[22]

22 Ein in neueren Werken von Nussbaum wiederkehrendes Thema sind Rechte von nicht-menschlichen Tieren. Der tierethische Diskurs trägt zur weiteren Komplexität der Menschenrechtsthematik bei und kann den unerwünschten Effekt in Form praktischer Vernachlässigung der eklatanten Fälle von Menschenrechtsverletzungen haben. Auf theoretischer Ebene identifiziert der Theologe Konrad Hilpert vier plausible Argumente, die gegen die „Verwässerung“ des Menschenrechtsdiskurses durch Implikation der Tierrechte sprechen: (1) Der Natur des Rechts liegt inne, dass nur jemand Träger von Rechten sein kann, der sein Dürfen im Hinblick auf das gleiche Dürfen anderer beschränken kann. Um Rechte zu haben, müsste die Anerkennung von Intersubjektivität vorauszusetzen sein. (2) Nur mit Vernunft und Freiheit kann ein Träger von Rechten in der Lage sein, von den eigenen Interessen abzusehen und die Bedürfnisse und Wünsche anderer wahrzunehmen. (3) Argument von begründbarem Handeln: Menschen können ihr gegenwärtiges handeln auch im Blick auf alle Menschen jetzt und in Zukunft – also universal – rechtfertigen. Ein solches Ermessen der Bedeutung meiner Entscheidung für alle anderen ist nur dem Menschen möglich. (4) Die Annahme von unabdingbaren Rechten der Natur bzw. der Tiere brächte eine Gefahr von Aporien und „lebenspraktischen Inkonsequenzen mit sich. Hilpert, Konrad (2019): Ethik der Menschenrechte. Zwischen Rhetorik und Verwirklichung, Paderborn: Ferdinand Schöningh, S. 37.

1.2 Die Verortung des Capabilities Approach in der Politischen Philosophie

Der Capabilities Approach (in der deutschen Literatur zumeist mit Fähigkeiten-Ansatz übersetzt) ist in der Politischen Philosophie seit mittelweile 40 Jahren verankert. Die ersten Ansätze einer eigenständigen Theorie sind im Aufsatz *Equality of What?* von Amartya Sen aus dem Jahr 1979 zu erkennen.[23] Die philosophischen Grundlagen des zunächst im ökonomischen Kontext angesiedelten Capabilities Approach, zu denen die Gerechtigkeits- und Tugendlehre von Aristoteles und der politische Liberalismus von John Rawls gehören, wurden durch Martha C. Nussbaum Ende der 1980er Jahre ausgearbeitet und sind zuletzt in ihrer Monographie *Frontiers of Justice* von 2006 revidiert worden.[24] Anders als vielfach angenommen hatte Nussbaums Arbeit am Capabilities Approach unabhängig von Amartya Sen ihren Anfang genommen. Nach Nussbaums Angaben war es die aristotelische Sicht der menschlichen Funktionsweise sowie deren Rezeption durch Marx, die die ersten Impulse für die Entwicklung ihrer Konzeption lieferten.[25] Intensiver Austausch mit Amartya Sen erfolgte erst nach Nussbaums Aufenthalt am *World Institute for Development Economics Research* der Universität der Vereinten Nationen in Helsinki, der unter anderem in der Herausgabe der beiden für den Capabilities Approach zentralen Forschungsbände resultierte, nämlich *Quality of Life* (1993)[26] sowie *Women, Culture, and Development*

23 Sen, Amartya: Equality of What? In: S. McMurrin (Hrsg.): The Tanner Lectures on Human Values, Band 1, Salt Lake City 1980, S. 196–220.

24 Die Monographie *Creating Capabilities. The Human Development Approach* aus dem Jahr 2011 enthält keine neuen Thesen und kann als eine Zusammenfassung ihres Ansatzes betrachtet werden. Die in dieser zweiten Auflage der Einführung behandelten Monographien, die nach 2012 erschienen sind, bieten ebenfalls keine umfassende Überarbeitung, sondern vertiefen lediglich einige Aspekte des Ansatzes, allen voran die feministischen, emotionalen und kosmopolitischen.

25 Vgl. Nussbaum 2000, S. 70.

26 Nussbaum, Martha C./Amartya Sen (Hrsg.): The Quality of Life. A Study for the

(1995)[27]. Wenn man Sens und Nussbaums Beiträge zum Capabilities Approach aus heutiger Perspektive betrachtet, dann ist die Verteilung ihrer Verdienste in der Ausarbeitung des Ansatzes wohl so einzuschätzen, wie es Ingrid Robeyns getan hat: „Nussbaum sees [the Capabilities Approach] as a theory with two legs – theorizing about social justice on the one hand, and comparative quality of life assessment on the other. In the former she is the most prolific author, in the latter Sen is the most canonical figure".[28]

Der an faktisch gegebenen Verwirklichungschancen (*Capabilities*) des Individuums orientierte Begründungsversuch der Menschenrechte hat sich akademisch vor allem im soziologischen und politikwissenschaftlichen Diskurs als wirkungsmächtig erwiesen. Die Arbeiten zum Capabilities Approach in den Sozialwissenschaften zielen auf die Konzipierung neuer Indikatoren für die menschliche Entwicklung ab, in den Politikwissenschaften ist wiederum die Erarbeitung eines neuen politischen Paradigmas in den Entwicklungsstudien zu erwähnen, der im englischsprachigen Raum als *Human Development Approach* bezeichnet wird. Zu den zahlreichen Kontexten philosophischer, soziologischer und ökonomischer Auseinandersetzung gehören Problemfelder wie Armut, Ungleichheit, Wohlergehen, soziale Gerechtigkeit, Geschlecht, Gesundheit, Behinderung oder Identität. Die empirischen Studien, die auf dem Capabilities Approach basieren, betreffen die Messung von Armut und Wohlstand, den Zusammenhang zwischen materiellen Gütern und menschlichen Fähigkeiten sowie die Untersuchung sozialer Disparitäten durch Aufzeigen individueller Ungleichheiten in Bezug auf Lebenserwartung, Ernäh-

World Institute for Development Economics Research (WIDER) of the United Nations University, Oxford: Clarendon Press 1993.

27 Glover, Jonathan/Martha C. Nussbaum (Hrsg.): Women, Culture, and Development. A Study of Human Capabilities, Oxford: Clarendon Press 1995.

28 Robeyns, Ingrid: Rezension zu „Creating Capabilities. The Human Development Approach" (2011), zuerst veröffentlicht am 19.09.2011 in College of Arts and Letters Philosophical Reviews, University of Notre Dame, URL: http://ndpr.nd.edu/news/26146-creating-capabilities-the-human-development-approach-2/, zuletzt abgerufen am 08.10.2020.

rung, Lese- und Schreibfähigkeit, oder auch gruppenspezifisch in Bezug auf Rasse, Geschlecht, Alter oder Klasse.[29]

Der in den letzten Jahren zu beobachtende rasche Zuwachs an Forschungsliteratur zum Capabilities Approach wurde unter anderem durch Gründung der *Human Development and Capability Association* im Jahre 2004 begünstigt, die sich als ein interdisziplinäres Netzwerk von Entwicklungsforschern aus aller Welt versteht. Die Überwindung disziplinärer Zersplitterung und Vermeidung inkohärenter Diskurse auf verschiedenen Gebieten ist eines der vier erklärten Ziele der Vereinigung. Weitere Ziele betreffen die Verknüpfung von Theorie und Praxis, die Zusammenarbeit von jungen und erfahrenen Forschern, sowie das Bestreben, grenzüberschreitende Konzepte zu entwickeln.[30] Trotz diesem Anspruch kann jedoch bis heute nicht vom Capabilities Approach als einer kohärenten eigenständigen Theorie der Gerechtigkeit gesprochen werden. Davon abgesehen vertritt Nussbaum unter Verweis auf die jährlich erscheinenden UN-Berichte über die menschliche Entwicklung und Sens einflussreiche Arbeiten nicht zu Unrecht die kühne Meinung, dass der Capabilities Approach der bedeutsamste Beitrag in der Menschenrechtsdebatte seit Anfang der 1990er Jahre sei.[31]

Die Grundannahme des Capabilities Approach lautet, dass Individuen über ein bestimmtes Fähigkeitspotenzial verfügen, das entfaltet werden muss, um von einem gedeihlichen und glücklichen Leben sprechen zu können. Der Capabilities Approach ist eine normative politische Theorie, die auf die Befähigung der Menschen, ihr persönliches Potenzial zur Entfaltung zu bringen, abzielt. Dem liegt die Überzeugung zugrunde, dass das bloße Vorhandensein menschlicher

29 Vgl. Clark, David Alexander: Capability Approach. In: Ders. (Hrsg.): The Elgar Companion to Development Studies. Cheltenham: Edward Elgar 2006, S. 32–44.

30 Der Gedanke interdisziplinärer Forschung wurde bereits durch das besagte World Institute for Development Economics Research (WIDER) der United Nations University in Helsinki verfolgt.

31 Vgl. Nussbaum, Martha C.: Human Rights and Human Capabilities. In: Harvard Human Rights Journal 20 (2007), S. 21–24, hier: S. 21.

Fähigkeiten bereits einen hinreichenden Grund für den Anspruch auf deren Entwicklung konstituiert. Der Entwicklungsbegriff spielt die Rolle eines Orientierungspunktes, um den der Fähigkeiten-Ansatz kreist. Dieser Begriff bedarf näherer Spezifikation, denn:

> „The word ‚development' has as many meanings as there are listeners. For some, development means more material prosperity: owning money, land and a house. For others, development concerns liberation from oppression. Some see development as a new word for neo-colonialism, and despise it. For still others, development is a holistic project or personal social and spiritual progress."[32]

Von Amartya Sen wird menschliche Entwicklung als „a process of expanding the real freedoms that people enjoy"[33] definiert. Nussbaum betrachtet menschliche Entwicklung ebenfalls in normativen Kategorien: Für sie bedeutet Entwicklung eine positive soziale Veränderung, die sich in der Verbesserung der Lebensqualität der Menschen äußert.[34] Dabei wird die für ihre Version des Capabilities Approach zentrale Frage gestellt, nämlich was Menschen genau zu tun fähig sind bzw. fähig sein sollten (engl.: „What are people actually able to do and to be?"). Die „gute" menschliche Funktionsweise wird von Nussbaum im aristotelischen Sinne verstanden und ist das Hauptmotiv ihrer **Entwicklungsethik**, die sich explizit als eine Alternative zu denjenigen Konzeptionen des Wohlergehens versteht, die das menschliche Glück nicht in aktiver Ausübung wertvoller Fähigkei-

32 Alkire, Sabina/Severine Deneulin: A Normative Framework for Development. In: Severine Deneulin/Lila Shahani (Hrsg.): An Introduction to the Human Development and Capability Approach. Freedom and Agency. London/Washington DC: Earthscan 2009, S. 3–21, hier: S. 3.

33 Sen, Amartya: Development as Freedom. New York: Knopf Press 2001, S. 3.

34 „Development is a normative concept. It means, or should mean, that things are getting better". Nussbaum, Martha C. (2011): Creating Capabilities. The Human Development Approach. Cambridge (Mass.): Harvard University Press, S. 48.

ten, sondern allein in der Erfüllung von Präferenzen oder Befriedigung materieller Bedürfnisse gründen.

Das Verständnis menschlicher Funktionsweise, das dem Capabilities Approach zugrunde liegt, resultierte in der Ausarbeitung eines neuen Indikators für die Lebensqualität, nämlich des *Human Development Index*, der seit 1990 in jährlichen Berichten des Entwicklungsprogramms der Vereinten Nationen publiziert wird. In der ersten Ausgabe des Berichtes wird die menschliche Entwicklung als „a process of enlarging people's choices"[35] definiert, womit sich Sens Einfluss unverkennbar ausdrückt. Ungehinderter Handlungsspielraum ist nur dann garantiert, wenn drei Bedingungen erfüllt sind. Erstens müssen Menschen in der Lage sein ein langes und gesundes Leben zu führen. Zweitens ist es unerlässlich, dass sie Zugang zu angemessener Bildung haben. Drittens ist die Verfügbarkeit der für ein würdiges Leben unabdingbaren Güter und Ressourcen nötig. Diese Voraussetzungen liegen den drei Messgrößen zugrunde, die im *Human Development Index* Berücksichtigung finden: Lebenserwartung, Alphabetisierungsrate und Bruttonationaleinkommen pro Einwohner.[36]

Die Entwicklungsethik kann dem Diskurs zugeordnet werden, der im Jahre 1993 die Anerkennung des Rechts auf Entwicklung als „integrale[n] Bestandteil der grundlegenden Menschenrechte" herbeigeführt hat.[37] Die Konsequenzen dieser von den Ländern der

35 United Nations: Defining and measuring human development. In: Human Development Report 1990, S. 10. URL: http://hdr.undp.org/sites/default/files/reports/219/hdr_1990_en_complete_nostats.pdf, zuletzt abgerufen am 06.10.2020.

36 Auf den Human Development Index wird in Kapitel 5.2 dieser Arbeit in Form eines Exkurses eingegangen.

37 In Artikel 10 der Erklärung der Wiener Weltmenschenrechtskonferenz heißt es: „Die Weltkonferenz über die Menschenrechte bekennt sich zum Recht auf Entwicklung (…) als einem allgemeingültigen und unveräußerlichen Recht und als einem integralen Bestandteil der grundlegenden Menschenrechte", zitiert nach: Gleiche Menschenrechte für alle. Dokumente zur Menschenrechtsweltkonferenz der Vereinten Nationen in Wien 1993, hrsg. v. Deutsche Gesellschaft für die Vereinten Nationen e. V. (DGVN), Bonn 1994, S. 17. Dieser Erklärung war eine Resolution der Generalversammlung der Vereinten Nationen zum Recht auf Entwicklung im Jahre 1986 vorausgegangen.

„Dritten Welt“ initiierten Debatte bleiben aus mehreren Gründen umstritten. Zuvörderst ist es in der Diskussion nicht ersichtlich, was unter Entwicklung zu verstehen ist und wer die Adressaten eines Rechts auf Entwicklung sein sollen. Im ersten Artikel der Erklärung der Wiener Weltmenschenrechtskonferenz wird das Recht auf Entwicklung zwar als ein „unveräußerliches Menschenrecht“ definiert, das auf Individuen bezogen ist. Das Recht auf Entwicklung kann jedoch auch als ein kollektives Recht bzw. ein Solidaritätsrecht verstanden und zu der so genannten dritten Generation der Menschenrechte zugerechnet werden. Indira Gandhi hat die dritte Generation der Menschenrechte an den Gedanken zwischenstaatlicher Solidarität geknüpft und sie mit den Worten „it is not individuals who have rights but states“[38] definiert. Demnach wäre ein Recht auf Entwicklung, welches als Menschenrecht formuliert wird, nicht in Individuen, sondern in Beziehungen zwischen völkerrechtlichen Subjekten zu verorten. Auf der anderen Seite könnte das Recht auf Entwicklung auch in funktionalistischer Hinsicht verstanden werden, nämlich als eine Ergänzung bzw. Vervollkommnung des Menschenrechtssystems.

Nussbaums Verständnis von Entwicklung scheint dem von Indira Gandhi nicht zu entsprechen, auch wenn sie den Gedanken zwischenstaatlicher Solidarität aufnimmt und unter Verweis auf Peter Singer eine Abgabe von zwei Prozent des Bruttoinlandsproduktes durch die Industrieländer zugunsten so genannter Entwicklungsländer fordert.[39] Nussbaums Capabilities Approach zielt vornehmlich auf die Befähigung der Individuen ab und nicht auf die Sicherung von Gruppen- bzw. Solidaritätsrechten. Ihr Katalog menschlicher Grundfähigkeiten ist an politische Ordnungen adressiert, die innerhalb ihrer Grenzen kollektive Solidaritätsmaßnahmen zur Verbesserung der Situation

38 In *The New York Times* vom 3. Juli 1975. Zitiert nach: Hinkmann, Jens (2002): Ethik der Menschenrechte. Eine Studie zur philosophischen Begründung von Menschenrechten als universalen Normen. Marburg: Tectum Verlag, S. 55.

39 Zu Nussbaums Ansichten über die internationale Politik siehe Kapitel 5.3.

benachteiligter Bürger unternehmen können.[40] Auch in solchen Fällen würde man jedoch aus der Perspektive des Fähigkeiten-Ansatzes das Wohlergehen der von der Maßnahme betroffenen Menschen individuell betrachten.

Um den Capabilities Approach innerhalb der Politischen Philosophie angemessen zu verorten, muss ferner auf den so genannten Basic Needs Approach (zu Deutsch: Grundbedürfnisstrategie) hingewiesen werden. Trotz offenkundiger Ähnlichkeiten sind die beiden Ansätze voneinander abzugrenzen. Der Basic Needs Approach war aus dem *World Employment Programme* der Internationalen Arbeitsorganisation hervorgegangen und in den 1970er Jahren von den Ökonomen Frances Stewart und Paul Streeten konkretisiert worden. Der Ansatz dient zur normativen Analyse von Armut und Entbehrung sowie zur Messung des Wohlstandes. Dabei werden menschliche Bedürfnisse und Arbeit in den Mittelpunkt gestellt und die Befriedigung der Grundbedürfnisse wird zur Hauptaufgabe staatlichen Handelns erhoben. Wie James Griffin treffend bemerkt, beschränkt sich das Verständnis menschlichen Wohlergehens in der Grundbedürfnisstrategie auf „the level to which basic needs are met“[41].

Die Grundlagen der Grundbedürfnisstrategie können auf Abraham Maslows Bedürfnispyramide zurückgeführt werden, in der die physiologischen und Sicherheitsbedürfnisse die wichtigste Stellung einnehmen. Das Maslowsche Modell ist nicht unumstritten. Man kann argumentieren, dass das Modell keine universale Menschennatur beschreibt, weil es diese möglicherweise nicht gibt. Vielmehr liegt der Bedürfnispyramide eine bestimmte Betrachtung des Menschen zugrunde, die nicht deskriptiv, sondern zwangsläufig normativ ist. Grundbedürfnisse wären dieser Ansicht zufolge nicht statisch und auf alle menschlichen Wesen übertragbar, sondern würden stets

40 Als Beispiel nennt Nussbaum die Affirmative Action in den USA. Nussbaum 2011, S. 35.

41 Griffin, James (1986): Well-Being. Its Meaning, Measurement and Moral Importance. Oxford: Clarendon Press, S. 42.

relativ zu der jeweiligen Kultur definiert werden. Selbst wenn der Basic Needs Approach unter Rekurs auf Maslow die Menschennatur so wiedergibt wie sie tatsächlich ist, dann ist die Herleitung von Ansprüchen an die Politik aus derselben ebenfalls problematisch. Wenn Menschenrechte direkt auf Grundbedürfnisse zurückgeführt werden, dann werden Normen aus Fakten abgeleitet, wodurch es zu einem naturalistischen Fehlschluss kommt.[42]

Die Grundbedürfnisstrategie als angewandte Entwicklungspolitik zielt auf die Zurverfügungstellung von Gütern ab, welche die Bevölkerung dringend benötigt, wie etwa Lebensmittel, Unterkunft, notwendige Gesundheitsfürsorge oder Wasser. Sie konzentriert sich auf die Sicherstellung dieser Güter ohne dabei auf freie Entscheidungen der Individuen Wert zu legen. Aus diesem Grund ist der Basic Needs Approach in der Praxis als ein Ansatz humanitärer Hilfe geeignet denn als eine langfristige Entwicklungsstrategie. Im Gegensatz dazu bündelt der Capabilities Approach die Verteilung von Gütern mit der Förderung menschlicher Verwirklichungschancen und richtet in unvergleichbar höherem Maße das Augenmerk auf die Autonomie des Einzelnen. Wie es im *Human Development Report* von 1990 heißt, ist die menschliche Entwicklung nach dem Verständnis des Fähigkeiten-Ansatzes „concerned not only with basic needs satisfaction but also with human development as a participatory and dynamic process“[43]. Menschliche Fähigkeiten dürfen nicht mit Grundbedürfnissen verwechselt werden, denn, wie Dieter Sturma bemerkt, „während Grundbedürfnisse sich in aller Regel auf die unmittelbare Selbsterhaltung beziehen, betreffen die Funktionen und Fähigkeiten grundlegende Aspekte des *menschlichen* Lebens“[44].

42 Vgl. Hinkmann 2002, S. 55. Der Naturalistic-Fallacy-Vorwurf kann auch gegen den Capablities Approach vorgebracht werden. Auf diesen Einwand wird in Kapitel 6.3 näher eingegangen.

43 United Nations 1990, S. 11.

44 Sturma, Dieter: Universalismus und Neuaristotelismus. Amartya Sen und Martha C. Nussbaum über Ethik und soziale Gerechtigkeit. In: Kersting, Wolfgang

Um den Unterschied zwischen den beiden Konzeptionen zu veranschaulichen, empfiehlt es sich, die programmatische Kritik am Basic Needs Approach heranzuführen, die Amartya Sen im Jahre 1984 in seiner Monographie *Resources, Values and Development* geübt hat.[45] Darin erhebt Sen fünf Einwände gegen die Grundbedürfnisstrategie. Zunächst bemängelt er, dass die Grundbedürfnisstrategie durch Reduzierung des menschlichen Wohlergehens auf die Befriedigung der Grundbedürfnisse in eine Form Warenfetischismus ausarte. Vielmehr müsse eine Theorie menschlicher Entwicklung holistisch vorgehen und die Lebensqualität um den Wert der Freiheit und Partizipation ergänzen.[46] Wohlgemerkt verkennt Sen die Tatsache nicht, dass Entwicklung ohne materielle Güter nicht möglich ist; er kritisiert jedoch, dass bei groben Herangehensweisen, wie etwa bei der Beurteilung der Lebensqualität allein anhand des Bruttoinlandsproduktes, der Mensch nicht als autonomes Wesen gedacht wird. Er moniert, dass in einem am ökonomischen Wachstum orientierten Gemeinwesen die Güter selbst als intrinsisch gut gewertet werden könnten, statt zu fragen, was sie für Menschen bedeuten und wie Menschen diese Güter in wertvolle Tätigkeiten umsetzen.

Sen argumentiert, dass ein Übermaß an Gütern für die menschliche Entwicklung hinderlich sein kann, weil die Fokussierung auf materielle Güter egoistische Gefühle fördern und zur Desintegrati-

(Hrsg.): Politische Philosophie des Sozialstaates. Weilerswist: Velbrück 2000, S. 257–292, hier: S. 279. Hervorhebung im Original.

45 Sen, Amartya: Resources, Values and Development. Oxford: Basil Blackwell 1984, S. 513 ff.

46 Die Entwicklungsforscherin und Sen-Interpretin Sabina Alkire bezeichnet Sens These, die Grundbedürfnisstrategie würde einem „Warenfetischismus" huldigen, als falsch. Sie weist darauf hin, dass Paul Streeten in seinem Werk *First Things First – Meeting Basic Human Needs in Developing Countries (1981)* bei der Beschreibung seines Ansatzes, der „the opportunity for a full life" für alle Menschen sicherstellen soll, ausdrücklich polemische Warenfetischismus-Unterstellungen wie „three acres and a cow" oder „chicken in every pot" zurückweise und den instrumentellen Charakter der materiellen Güter betone. Vgl. Alkire, Sabina (2002): Valuing Freedoms. Sen's Capability Approach and Poverty Reduction. Oxford: Oxford University Press, S. 168.

on menschlicher Gemeinschaften beitragen kann.[47] Ferner bemerkt er, dass der Bedarf nach materiellen Gütern für die Ausübung konkreter Fähigkeiten möglicherweise nicht für jeden Einzelnen von vorneherein bestimmt werden könne. Die Notwendigkeit einzelner Betrachtung jedes Individuums zeige sich zum Beispiel im Falle von Menschen mit Behinderungen, deren Grundbedürfnisse von denen einer gesunden Person stark abweichen können. Die Einkommensgleichheit und die Nutzenmaximierung spielen bei der Gleichstellung Behinderter keine nennenswerte Rolle. Von Gleichbehandlung kann erst gesprochen werden, wenn die **Verwirklichungschancen** eines behinderten Menschen aus einer Perspektive heraus betrachtet werden, die auf sein Potenzial zugeschnitten ist.[48]

Sens weiterer Einwand bezieht sich auf den beschränkten Charakter des Basic Needs Approach. Er bemängelt, dass diese Konzeption des Wohlergehens nur minimale Standards einfordert und der Befähigung der Individuen zu einem aktiven Leben keine hinreichende Bedeutung zumisst. Bedürfnisse seien im Unterschied zu Fähigkeiten (Capabilities) „a passive concept". Damit hängt der letzte Einwand zusammen, die Grundbedürfnisstrategie würde philosophische Reflexion vernachlässigen. Sen behauptet auf plausible Weise, dass die Grundbedürfnisstrategie lediglich auf passive Befriedigung von Lebensnotwendigkeiten bedacht und für die Konzeptualisierung einer umfassenderen „Theorie des guten Lebens" nicht geeignet sei.

Dass der Capabilities Approach philosophische Reflexion voraussetzt und fördert, ist hingegen evident. Dem Fähigkeiten-Ansatz

47 Bei seiner Kritik am Homo oeconomicus hat Sen den Begriff „rational fool" eingeführt. Vgl. Sen, Amartya: Rational Fools. A Critique of the Behavioral Foundations of Economic Theory. In: Ders., Choice, Welfare and Measurement, Oxford 1982, S. 99. Nussbaum folgt Sen und spricht bei ihrer Kritik am Homo oeconomicus von einer „mercenary attitude towards other kinds of good things". Nussbaum, Martha C.: Aristotelian Social Democracy. In: R. B. Douglas [u. a.] (Hrsg.): Liberalism and the Good, New York: Routledge 1990, S. 203–252.

48 Wolfgang Kersting bezeichnet Sens Konzeption daher sehr treffend als „Entwicklungsegalitarismus". Kersting, Wolfgang (2000): Theorien der sozialen Gerechtigkeit. Stuttgart/Weimer: Wetzler, S. 37.

liegt eine Vorstellung von gutem Leben zugrunde, die einen normativen Charakter aufweist und (besonders bei Martha C. Nussbaum) eine dem Perfektionismus nicht weit entfernte Tugendlehre nahelegt.[49] Trotz einer konkreten Vorstellung von einem guten Leben, das in einer entsprechend organisierten (politischen) Gemeinschaft erreicht werden kann, wird der naheliegende Vorwurf des Paternalismus von Nussbaum zurückgewiesen, und zwar mit dem Argument, dass die Autonomie des Individuums in ihrem Ansatz eine herausragende Stellung einnimmt. Nussbaums Capabilities Approach will dem Einzelnen keine Handlungen aufzwingen, sondern richtet sich ähnlich wie die Menschenrechte an politische (in der Regel staatliche) Ordnungen, welche die Bürger zu wertvollen Handlungen lediglich zu befähigen haben: „[E]ine Regierung [soll] nicht dazu angehalten werden, Bürger zu Handlungsweisen zu nötigen, deren Wert als hoch angesehen wird, [sondern dazu] zu garantieren, dass allen Menschen die notwendigen Bedingungen und Ressourcen zur Verfügung stehen, um so handeln zu können“[50]. Trotz dieser Einschränkungen lässt sich nicht leugnen, dass die Konzeption der Grundbe-

49 Kersting glaubt auch bei Amartya Sen ein „entschieden“ perfektionistisches Element erkennen zu können: „Sen führt mit seiner fähigkeitsbezogenen Konzeption gleichsam die lebensethische Hardware in die politische Philosophie ein: die menschliche Natur wird in der Gerechtigkeitstheorie wieder heimisch gemacht. Gerechtigkeit bekommt damit eine starken aristotelischen Grundzug und eine entschieden perfektionistische Ausrichtung: es gilt, die menschlichen Lebensbedingungen so zu gestalten, daß alle die gleichen Entwicklungsmöglichkeiten haben“. Kersting 2000, S. 37. Romero ist der analogen Auffassung, dass sich der Gedanke des Perfektionismus bei Sen und Nussbaum feststellen lässt. Vgl. Romero, Julian Molina (2016): Die politische Philosophie von Amartya Sen. Soziale Gerechtigkeit und globale Entwicklung auf Grundlage des Capability Approach, Münster: Mentis-Verlag, S. 229.

50 Nussbaum, Martha C.: Menschliches Tun und soziale Gerechtigkeit. Zur Verteidigung des aristotelischen Essentialismus. In: Brunkhorst, Hauke u. Wolfgang R. Köhler (Hrsg.): Gemeinschaft und Gerechtigkeit. Frankfurt am Main: Fischer 1993, S. 323–361, hier: 342. Mügge erkennt in Nussbaums Anliegen ein menschenrechtliches Element: „Einen bedeutenden Teil ihrer philosophischen Arbeit widmet Nussbaum der Begründung eines universalen, menschenrechtsähnlichen Maßstabs für die Grundlage politischen Handelns“. Mügge, Cornelia (2017): Menschenrechte, Geschlecht, Religion: Das Problem der Universalität

dürfnisse Teil des Fähigkeitenansatzes ist, der sich bereits aus der Beschreibung der menschlichen Wesensmerkmale ergibt. Zutreffend bemerkt Birnbacher:

> „(...) [Die] Einbeziehung von Teilnahme- und Teilhaberechten in die Menschenrechte nahelegende Begründung der Menschenrechte durch menschliche Grundbedürfnisse und Grundinteressen (...) stützte sich auf eine empirische und überprüfbare statt eine durch metaphysische Hintergrundannahmen in ihrer Akzeptanz gefährdete Anthropologie; [dieser Ansatz] vermiede die problematische Unterstellung einer direkten normativen Relevanz von Fähigkeiten; und er ließe den Anthropozentrismus der Menschenwürdekonzeption hinter sich zugunsten der Anerkennung der Kontinuität zwischen der Schutzbedürftigkeit menschlicher und nicht-menschlicher Naturwesen“[51]

Das Festhalten an *einer* gemeinsamen menschlichen Lebensform und *einer* Liste von menschlichen Grundfähigkeiten bei gleichzeitigem Beharren an der Idee des Liberalismus, die gegen eine universale Konzeption des Guten spricht, zeigt sich als ein **Grunddilemma von Nussbaums politischer Philosophie.**[52] Wie es zu zeigen sein wird, weist der Capabilities Approach wegen seiner Betonung der Autonomie des Individuums liberale Züge auf, beschränkt sich jedoch nicht

und der Fähigkeitenansatz von Martha Nussbaum, Bielefeld: transcript Verlag, S. 14.

51 Birnbacher, Dieter: Kann die Menschenwürde die Menschenrechte be-gründen? In: Die großen Kontroversen der Rechtsphilosophie, hrsg. v. Bern-ward Gesang u. Julius Schälike, Paderborn 2011, mentis Verlag, S. 77–98, hier: S. 97.

52 Mehrere Nussbaum-Interpreten vertreten die Meinung, Nussbaums Versuch, die aristotelische Funktionsweise mit dem Liberalismus zu verknüpfen, sei gescheitert. Die Entwicklungsökonomin Severine Deneulin stellt zum Beispiel fest: „Nussbaum's approach, as liberal as it claims to be, appears rather paternalistic and dictatorial about the good“. Deneulin, Severine: Perfectionism, paternalism and liberalism in Sen and Nussbaum's capability approach. In: Review of Political Economy 14(4) 2002, S. 497–518, hier: S. 511. Dieses Grunddilemma in Nussbaums Philosophie wird in Kapitel 3.2 ausführlich behandelt.

auf das Postulat, negative Freiheiten zu wahren. Die Sicherstellung positiver Freiheiten, durch welche die Selbstverwirklichung der Individuen dank der Zurverfügungstellung der dafür erforderlichen Ressourcen erst möglich gemacht wird, ist nach Nussbaum wichtiger als das Gebot der Nichteinmischung von Seiten des Staates. Durch die Einführung des positiven Freiheitsbegriffs erhält der Fähigkeiten-Ansatz einen kommunitarischen Zug, wobei die Zuordnung Nussbaums zum Kommunitarismus nach wie vor in der Literatur kontrovers diskutiert wird. Walter Reese-Schäfer bezeichnete einmal Nussbaums Ansatz direkt als „einen begrifflich durchdachten und gleichzeitig erfahrungsgesättigten sozialdemokratischen Kommunitarismus“[53]. Vor dem Hintergrund der Tatsache, dass sich Nussbaum ab dem Jahr 2000 vom starken Sozialdemokratismus distanziert und an den politischen Liberalismus von Rawls angenähert hat, muss Reese-Schäfers Einschätzung als nicht mehr aktuell angesehen werden. Vielmehr sollte man den Fähigkeiten-Ansatz, dem Nussbaum nach der neoaristotelischen Fundierung das Gedankengut der liberalen Tradition gleichsam kontinuierlich einverleibte, differenzierter betrachten. Die Einschätzung von Manuel Knoll wird Nussbaum gerechter:

> „Obwohl sich Nussbaum zunehmend dem liberalen politischen Denken angenähert hat, ist es in Anbetracht ihrer starken aristotelischen Konzeption des Guten am angemessensten, ihren Ansatz zwischen Liberalismus und Kommunitarismus zu verorten. Dennoch steht Nussbaums ausgereifter Ansatz dem Liberalismus deutlich näher als dem Kommunitarismus“.[54]

53 Reese-Schäfer, Walter (1997): Grenzgötter der Moral. Der neuere europäisch-amerikanische Diskurs zur politischen Ethik. Frankfurt am Main: Suhrkamp, S. 409.

54 Knoll, Manuel (2009): Aristokratische oder demokratische Gerechtigkeit? Die politische Philosophie des Aristoteles und Martha Nussbaums egalitarische Rezeption. München: Wilhelm Fink Verlag, S. 217 f.

2 Die Grundlagen des Capabilities Approach

Bei der Systematisierung des Capabilities Approach erscheint es sinnvoll, sich dem Vorschlag von Robeyns anzuschließen, die den Ansatz in drei wesentliche Aspekte unterteilt.[55] Die Reihenfolge dieser Aspekte entspricht der Rangordnung, wie sie in Nussbaums und Sens Denken einnehmen. Zuallererst handelt es sich bei dem Capabilities Approach um eine Theorie menschlicher Entwicklung, die mit anthropologischen Hypothesen operiert und politische Normen zu etablieren sucht (1). Zu diesem Punkt sollte man anmerken, dass Nussbaums Capabilities Approach zwei normative Ansprüche zugrunde liegen. Erstens wird die Freiheit, mit welcher das Individuum das Wohlergehen erlangen kann, als ein Gut von erstrangiger moralischer Bedeutung aufgefasst. Zweitens wird das Vorhandensein von Freiheit zu einem gelingenden Leben von tatsächlich gewährten Verwirklichungschancen (*Capabilities*) abhängig gemacht. Die theoretische Arbeit am Capabilities Approach besteht für Nussbaum in der Festlegung der minimalen Schwelle der Entwicklung, die für Gesellschaften als notwendiger Mindeststandard vorgeschrieben werden muss. Die minimale Schwelle wird von ihr als die „starke vage Theorie des Guten" bezeichnet und durch einen Katalog menschlicher Grundfähigkeiten bestimmt. Wie es zu zeigen sein wird, nimmt die-

55 Vgl. Robeyns, Ingrid: An unworkable idea or a promising alternative? Sen's capability approach re-examined, Econometrics Center for Economic Studies, December 2000, URL: https://core.ac.uk/download/pdf/6979068.pdf, zuletzt abgerufen am 13.10.2020, S. 3.

ser Katalog die Form politischer Ansprüche an und weist eine deutliche Ähnlichkeit mit den Menschenrechtsartikeln, wie sie in der Allgemeinen Erklärung der Menschenrechte der Vereinten Nationen von 1948 formuliert sind, auf.

Ferner ist der Capabilities Approach als ein Entwurf zu verstehen, der dezidierte Kritik an etablierten Herangehensweisen zur Theoriebildung und Evaluierung menschlichen Wohlergehens übt (2). Als angewandte Theorie kommt der Capabilities Approach hauptsächlich bei komparativer Messung der Lebensqualität (in verschiedenen Ländern, Regionen, Gesellschaften etc.) zum Einsatz. Dem liegt die Prämisse zugrunde, dass solche Evaluation darüber Aufschluss geben kann, wo und auf welche Weise Entwicklung am besten gelingt. Die Auswertung der praktischen Umsetzung des Capabilities Approach kann (und soll) wiederum im Idealfall die Theoriebildung sozialer Gerechtigkeit weiter fördern.

Der dritte Gesichtspunkt, den Robeyns erwähnt, besagt, dass der Capabilities Approach als ein Versuch verstanden werden kann, interpersonale Vergleiche bezüglich des Wohlergehens anzustellen (3). Demnach ist der Capabilities Approach ein Ansatz, der die Unterschiedlichkeit der Menschen betont und eine Differenzierung im Begriff der Person vornimmt. In der Tat wird von Nussbaum der abstrakte Allgemeinbegriff der Person verworfen und der Fokus auf die Bedürftigkeit jedes einzelnen menschlichen Wesens gelenkt. Nussbaum ist der Ansicht, dass die Liste menschlicher Wesensmerkmale, die sie als Grundlage für die Begründung individueller Rechte konzipiert, überzeugender ist als jeder abstrakte Personenbegriff, aus dem moralische Verpflichtungen erst abgeleitet werden. Der klassische Personenbegriff weist Nussbaum zufolge ein Missbrauchspotenzial auf, da es einfacher sei „Personen" die Menschlichkeit abzusprechen als „Menschen".[56] Aus diesem Grund auch wird von Nussbaum die

56 Nussbaum untermauert ihre Kritik am Begriff der Person durch Beispiele aus der Geschichte der Rechtsprechung in den USA. In einem Urteil aus dem Ende des 19. Jahrhunderts im Bundesstaat Virginia, in dem einer Frau das Recht auf

kontraktualistische Tradition deutlicher Kritik unterzogen. Im Rawlsschen Urzustand sind die Personen nicht, wie Dieter Sturma plakativ beschreibt, „Individuen aus Fleisch und Blut“[57], sondern vor allem vertragschließende Subjekte. Man könnte sagen, der politische Begriff der Person dient Rawls als eine Grundlage für die Herausbildung politischer Prinzipien, die sich auf die politisch-rechtliche Identität der Personen beziehen.[58] Nussbaum anders, denn nach ihrem anthropologischen Ansatz ergibt sich die Anerkennung der Menschen untereinander nicht durch ihren Status als rationale Akteure, die jeweils am eigenen Wohl interessiert sind und im Zuge gegenseitiger Absicherung zu Trägern individueller Rechte werden. Vielmehr beruht in Nussbaums Verständnis die Anerkennung der menschlichen Subjekte auf der Einsicht, dass sie ausnahmslos bedürftige Wesen sind. Die Materialität und Bedürftigkeit des Menschen werden Nussbaum zufolge im abstrakten Vertragsmodell auf unzulässige Weise unterschätzt. Daher gilt:

> „Ein Ansatz, der mit dem Ziel beginnt, allen Menschen die grundlegenden Fähigkeiten-Ansprüche, die ich beschrieben habe, zu sichern, und der dann fragt, wie dies zu bewerkstelligen ist, durch welche kombinierten Aktivitäten all dieser Handelnden, scheint eine bessere Orientierung zu bieten als das Vertragsparadigma“.[59]

Berufsausübung als Anwältin verweigert wurde, hieß es etwa zur Begründung: „It was for the Supreme Court of Appeals to construe the statute of Virginia in question and to determine whether the word „person“ as therein used is confined to males, and whether women are admitted to practice law in that commonwealth“.

57 Sturma, Universalismus und Neuaristotelismus, a. a. O. 2000, S. 269.

58 So Rainer Forst in: Gerechtigkeit als Fairneß: ethisch, politisch oder moralisch? In: Philosophische Gesellschaft Bad Homburg/Wilfried Hinsch (Hrsg.): Zur Idee des politischen Liberalismus. John Rawls in der Diskussion. Frankfurt am Main: Suhrkamp 1997, S. 396–419, hier: S 401.

59 Nussbaum, Martha C.: Langfristige Fürsorge und soziale Gerechtigkeit. Eine Herausforderung der konventionellen Idee des Gesellschaftsvertrags. In: Deutsche Zeitschrift für Philosophie 51 (2003), Heft 2, S. 179–198, hier: S. 196.

Um Nussbaums Fähigkeiten-Ansatz besser zu verstehen, muss an dieser Stelle der **Capability**-Begriff genauer erläutert werden. Es ist wichtig festzuhalten, dass der Ausdruck „Capability" nicht bloß das passive Vorhandensein eines Potenzials etwas tun zu können umschreibt. Es handelt sich auch nicht um eine Fähigkeit an sich, über die das Individuum verfügen mag. Vielmehr muss bei dem Capability-Begriff ein enger Zusammenhang zwischen dem, wozu die Person fähig ist, und der politischen, sozialen und ökonomischen Umwelt, in der sie lebt, mit bedacht werden. Capabilities sind nicht statisch als ein zur Verfügung stehendes Fähigkeitspotenzial, sondern als Befähigungen zu verstehen, für die die öffentliche Politik Sorge tragen muss. Es sind Verwirklichungschancen bzw. Entfaltungsmöglichkeiten, die einem Individuum unter bestimmten gesellschaftlichen Lebensbedingungen gegeben sind, und von denen es bei der Gestaltung der eigenen Existenz nach freier Entscheidung wählen kann. Richtig ist daher die Interpretation von Sturma, der die Capabilities unmittelbar als den „Handlungsspielraum einer gesellschaftlichen Praxis von Personen"[60] deutet.

60 Sturma, Universalismus und Neuaristotelismus, a. a. O. 2000, S. 279. In der deutschsprachigen Literatur wird das Wort „Capability" meist mit „Fähigkeit" oder „Vermögen" übersetzt. Vor dem Hintergrund freiheitlicher Konnotationen und evaluativen Potenzials des Capability-Begriffes erscheint diese Übersetzung als unzulänglich. Eine bessere Übersetzungsvariante, die sowohl auf das Individuum die Aufmerksamkeit lenkt als auch die Abhängigkeit von äußeren Faktoren betont, ist der Ausdruck „Verwirklichungschance". Einen dynamischen und die politische Relevanz vermittelnden Eindruck macht der Ausdruck „Befähigung", der von einigen Autoren bzw. Übersetzern benutzt wird. Jan-Hedrik Heinrichs rechtfertigt die Verwendung dieser Übersetzungsvariante wie folgt: „[Mit Fähigkeiten werden] nur die aktiven, individuellen Bemühungen erfasst (...). Der Ausdruck „Möglichkeit" schließt die Reihe möglicher Übersetzungen auf der anderen Seite ab, denn er impliziert nur die externen Umstände, nicht aber die menschliche Eigenschaft, zu bestimmten Funktionen imstande zu sein. Um beide Extreme zu vermeiden und gleichzeitig deren Bedeutungsaspekte aufzunehmen, erscheint die Übersetzung als ‚Befähigung' am treffendsten, da dieser deutsche Ausdruck impliziert, dass Menschen immer schon über Anlagen zu Fähigkeiten verfügen, aber erst durch zusätzliche Umstände dazu befähigt werden, diese zu entwickeln und auszubilden". Heinrichs, Jan-Hedrik (2006): Grundbefähigungen. Zum Verhältnis von Ethik und Ökonomie. Paderborn, S. 172. Diese Auffassung teilt Romero in seiner Dissertation zu Sen: „Präzise wäre im Deutschen die Bezeichnung ‚Be-

Eine differenzierte Untersuchung des Capability-Begriffs wird von David A. Crocker vorgenommen.[61] Seiner Auffassung nach sind fünf Interpretationen möglich: (1) Capabilities sind Neigungen oder Wünsche des Einzelnen; (2) Capabilities sind Bedürfnisse; (3) Capabilities bedeuten vorhandene Fertigkeiten, über die der Einzelne verfügt; (4) Capabilities sind allgemeine Charaktereigenschaften des Individuums; oder (5) Capabilities sind Möglichkeiten und Chancen (engl. „Opportunities"), die einem Individuum zur Verfügung gestellt werden. Crocker stellt fest, dass nur die letzte Interpretation den Sinn des Fähigkeiten-Ansatzes wiedergibt. Das bedeutet, dass der Capability-Begriff nicht auf die Beschreibung eines Ist-Zustands abzielt, sondern von einem normativen und evaluativen Charakter ist. Diese Lesart lässt sich anhand von Nussbaums eigenen Worten untermauern. In ihrem vielfach rezipierten Aufsatz *Human Functioning and Social Justice. In Defense of Aristotelian Essentialism* aus dem Jahr 1992, der die wichtigsten Gedanken des Fähigkeiten-Ansatzes und ihrer „starken vagen Theorie des Guten" beinhaltet, schreibt Nussbaum deutlich: „Soweit es Fähigkeiten betrifft, bedeutet ihre Bezeichnung als Bestandteil der Menschlichkeit, eine sehr elementare Art der Bewertung vorzunehmen"[62]. Ein ähnliches auf die Bewertung der Umstände abzie-

fähigungs-Ansatz', häufig wird in Übersetzungen leider immer noch von „Fähigkeiten-Ansatz" besprochen". Romero, Julian Molina (2016): Die politische Philosophie von Amartya Sen. Soziale Gerechtigkeit und globale Entwicklung auf Grundlage des Capability Approach, Münster: Mentis-Verlag, S. 17.
Abgesehen von der hier beschriebenen Problematik sind alle genannten Vorschläge, die in dieser Arbeit vorkommen, als synonym und dem englischen Originalbegriff „Capability" entsprechend zu verstehen.

61 Crocker, David A.: Functioning and Capability. The Foundations of Sen's and Nussbaum's Development Ethics. Part 2. In: Glover, Jonathan u. Martha. C Nussbaum (Hrsg.): Women, Culture, and Development. A Study of Human Capabilities. Oxford: Clarendon Press 1995, S. 153–198, hier: S 160 ff.

62 Nussbaum, Martha C.: Menschliches Tun und soziale Gerechtigkeit. Zur Verteidigung des aristotelischen Essentialismus. In: Brunkhorst, Hauke u. Wolfgang R. Köhler (Hrsg.): Gemeinschaft und Gerechtigkeit. Frankfurt am Main: Fischer 1993, S. 323–361, hier: 326. Die deutsche Übersetzung in gekürzter Fassung von Max Looser wurde im folgenden Sammelband wieder abgedruckt: Steinfath, Holmer (Hrsg.): Was ist ein gutes Leben? Philosophische Reflexionen. Frank-

lendes Verständnis findet sich bei Sen, der die evaluative Funktion des Fähigkeiten-Ansatzes betont: „Capabilities approach is concerned with evaluating [person's advantage] in terms of his or her actual ability to achieve various valuable functionings as a part of living (...). [It] is concerned primarily with the identification of value-objects, and sees the evaluative space in terms of functionings and capabilities to function. This is, of course, itself a deeply evaluative exercise [...]"[63].

Sowohl Nussbaum als auch Sen sprechen von **Grundfähigkeiten** (Basic Capabilities), die Voraussetzung für die Erlangung wertvoller Funktionsweisen (Functionings) sind.[64] Im programmatischen Aufsatz von Amartya Sen *Equality of What?* werden die Grundfähigkeiten als eine Alternative zu Rawls' Konzeption der Grundgüter aufgefasst:

> „The notion of the equality of basic capabilities is a very general one, but any application of it must be rather culture-dependent, especially in the weighting of different capabilities. While Rawlsian equality has the characteristic of being both culture-dependent and fetishist, basic capability equality avoids fetishism, but remains culture-dependent. Indeed, basic capability equality can be seen as essentially an extension of the Rawlsian approach in a non-fetishist direction".[65]

furt am Main: Suhrkamp 1998. Textstellen, die nur in der englischen Originalfassung zu finden sind, werden zitiert aus: Nussbaum, Martha C: Human Functioning and Social Justice. In Defense of Aristotelian Essentialism. In: Political Theory 20 (1992), S. 202–246.

63 Sen, Amartya: Capability and Well-Being. In: Nussbaum, Martha C./Amartya Sen (Hrsg.): The Quality of Life. A Study for the World Institute for Development Economics Research (WIDER) of the United Nations University. Oxford: Clarendon Press 1993, S. 30–66, hier: S. 30 u. 32.

64 Bei dem Begriff der „Basic Capabilities" zeigt sich ein Übersetzungsproblem, das ähnliche Missverständnisse wie der Oberbegriff „Capability" (vgl. S. 23 dieser Arbeit) hervorrufen kann. Vgl. Mügge: „Ich übersetze den Begriff der basic capabilities nicht mit ‚Grundfähigkeiten', weil dies auch die zentralen Fähigkeiten insgesamt (als die für ein gutes Leben grundlegenden Fähigkeiten) meinen könnte". Mügge 2017, S. 34.

65 Sen, Equality of What? a. a. O. 1980, S. 219.

Nach Nussbaums Definition besitzt ein Mensch „die Grundfähigkeit, die Tätigkeit A auszuüben, dann und nur dann, wenn dieser Mensch eine individuelle Konstitution hat, die so beschaffen ist, daß er nach der angemessenen Ausbildung, dem angemessenen Zeitraum und anderen notwendigen instrumentellen Bedingungen die Tätigkeit A ausüben kann"[66]. Zwischen manchen Grundfähigkeiten (zum Beispiel der Fähigkeit sich angemessen zu ernähren) und Grundbedürfnissen (in diesem Fall dem Grundbedürfnis nach Nahrung) besteht ein offensichtlicher Zusammenhang. Bei der Grundfähigkeit in Bezug auf die Ernährung handelt es sich nach dem Verständnis des Capabilities Approach um eine Befähigung dieses Bedürfnis aktiv zu befriedigen. Da es sich bei den Grundfähigkeiten um Vermögen handelt, die für die menschliche Existenz fundamental sind, ist die Erlangung derselben ein nützlicher Indikator für die Lebensqualität.

Man ist versucht Nussbaums Grundfähigkeiten als natürliche und angeborene Vermögen oder gar Begabungen zu verstehen. Für dieses Verständnis würde unter anderem die folgende Textstelle sprechen:

> „[Basic Capabilities are] the *innate* equipment of individuals that is the necessary basis for developing the more advanced capabilities, and a ground of moral concern. These capabilities are sometimes more or less ready to function: the capability for seeing and hearing is usually like this. More often, however, they are very rudimentary, and cannot be directly converted into functioning. A newborn child has, in this sense, the capability for speech and language, a capability for love and gratitude, the capability for practical reason, the capacity for work."[67]

66 Nussbaum, Martha C.: Die Natur des Menschen, seine Fähigkeiten und Tätigkeiten. Aristoteles über die distributive Aufgabe des Staates. In: Dies.: Gerechtigkeit oder das gute Leben. Frankfurt/Main: Suhrkamp 1999, S. 86–130, hier: 109.

67 Nussbaum 2000, S. 84. Hervorhebung des Verfassers.

Obgleich Nussbaum von angeborenen Grundfähigkeiten spricht, wäre es falsch, diese als schon immer vorhandene Vermögen oder Talente zu interpretieren. Vielmehr müssen die Grundfähigkeiten erst durch Erziehung, Fürsorge und Bereitstellung von Ressourcen entwickelt werden. Robeyns wiederum führt Nussbaums Verständnis von Grundfähigkeiten auf Sens Arbeiten in den 1980er Jahren zurück und weist auf die Bedeutung des Konzepts für die Evaluierung der Lebensqualität hin: „Basic capabilities will thus be crucial for poverty analysis and more in general for studying the well-being of the majority of people in developing countries, while in rich countries well-being analysis would rather also include capabilities which are less necessary for physical survival"[68]. Dementsprechend lässt sich in der Konzeption der Grundfähigkeiten ein pragmatisches Element erkennen. Sie kann als eine Alternative zur Grundbedürfnisstrategie besonders für ärmere Länder von Nutzen sein. In Bezug auf Sen muss Robeyns beigepflichtet werden, denn seine Konzeption des Capabilities Approach war in der Tat von Beginn an allgemein gehalten und deren Implementierung als kulturabhängig gedacht (insbesondere hinsichtlich der Gewichtung einzelner Fähigkeiten). Aus diesem Grund weist Sen nach wie vor auf einen „internen Pluralismus" des Capabilities Approach hin, der in der praktischen Menschenrechts- und Entwicklungsarbeit diverse Umsetzungsstrategien zulässt. Sen spricht zwar von „intrinsisch wertvollen Fähigkeiten", zu welchen etwa die Fähigkeit zum Verhindern vorzeitigen Todes oder die Fähigkeit zum Lesen und Schreiben gehören. Er verzichtet jedoch im Unterschied zu Nussbaum auf die Ausarbeitung einer konkreten Liste der zentralen Fähigkeiten, und zwar mit dem Argument, dass die Gewichtung der Fähigkeiten auf persönlichen Werteurteilen basieren sollte. Dieser Punkt stellt möglicherweise die größte Differenz dar, die zwischen Sen und Nussbaum, die einen **universalen Katalog der Grundfähigkeiten** vorschlägt, besteht. Nussbaum kann Sens Sichtweise im Zusammen-

68 Robeyns 2000, S. 8.

hang mit komparativer Messung der Lebensqualität nachvollziehen, weil diese je nach Kontext unterschiedliche Fähigkeiten zum Gegenstand haben kann. Wenn jedoch Sen eine Theorie der Gerechtigkeit entwickeln will[69], dann ist es für Nussbaum nicht ersichtlich, warum eine inhaltlich konkrete Auflistung universaler Ansprüche ausbleiben soll.[70] Sen hält eine allgemeingültige Auflistung menschlicher Grundfähigkeiten, die Vorgaben für die minimale Schwelle sozialer Gerechtigkeit machen könnte, für hinderlich:

> „The problem is not with listing important capabilities, but with insisting on one predetermined canonical list of capabilities, chosen by theorists without any general social discussion or public reasoning. To have such a fixed list, emanating entirely from pure theory, is to deny the possibility of fruitful public participation on what should be included and why (…) What I am against is the fixing of a cemented list of capabilities, which is absolutely complete (nothing could be added to it) and totally fixed (it could not respond to public reasoning and to the formation of social values)“.[71]

69 Zuletzt in: The Idea of Justice, Harvard University Press 2009. Deutsche Übersetzung: Die Idee der Gerechtigkeit. C. H. Beck, München 2010. In den 2010er Jahren veröffentliche Sen zwei Monographien, die sich mit seinem Heimatland Indien befassen und keine theoretischen Fachbeiträge zum Capabilities Approach darstellen. Im Jahre 2020 wurde ihm der Friedenspreis des Deutschen Buchhandels verliehen mit der Begründung: „In eindringlichen Darstellungen zeigt er, wie Armut, Hunger und Krankheit mit fehlenden freiheitlichen Strukturen zusammenhängen. Mit dem ‚Human Development Index‘, dem „Capabilities Approach“ und den ‚Missing Women‘ hat er früh Konzepte vorgelegt, die bis heute hohe Maßstäbe für die Ermöglichung, Gewährleistung und Bewertung gleicher Chancen und menschenwürdiger Lebensbedingungen setzen“.

70 „Any use of the idea of Capabilities for the purposes of normative law and public policy must ultimately take a stand on substance, saying that some Capabilities are important and others less important, some good, and some (even) bad“. Nussbaum, Martha C.: Creating Capabilities (2011): The Human Development Approach. Cambridge (Mass.): Harvard University Press, S. 28.

71 Sen, Amartya: Human Rights and Capabilities. In: *Journal of Human Development*, 6(2) 2005, S. 151–166, hier: 158.

Zur Verteidigung Nussbaums muss gesagt werden, dass ihr Fähigkeitenkatalog nicht abgeschlossen und unveränderlich ist. Vielmehr betont Nussbaum dessen offenen Charakter und bezeichnet ihre Theorie des Guten gezielt als „vage". Sen sieht in Nussbaums Bestreben ohnehin auch positive Seiten. In Hinblick auf die Evaluation der Armut verweist er auf die praktischen Vorteile der von Nussbaum ausformulierten Capabilities-Liste mit folgenden Worten: „There is often good sense in narrowing the coverage of capabilities for a specific purpose. (…) I see Martha Nussbaum's use of a given list of Capabilities for some minimal rights against deprivation as being extremely useful in the same practical way"[72].

In Bezug auf die Fähigkeiten, über die das Individuum real verfügt, wie zum Beispiel die Fähigkeit, eine politische Meinung zu haben, spricht Nussbaum von **Internal Capabilities**, um darauf hinzuweisen, dass sie erst dann verwirklicht werden können, wenn entsprechende Rahmenbedingungen gegeben sind. Nussbaum definiert die internen Fähigkeiten, die sie auf den Begriff des vortrefflichen Charakters bei Aristoteles zurückführt, folgendermaßen: „Ein Mensch hat zum Zeitpunkt t dann und nur dann die interne Fähigkeit, die Tätigkeit A auszuüben, wenn dieser Mensch zum Zeitpunkt t so ausgestattet ist, daß er unter den geeigneten Umständen eine Handlung A wählen kann"[73]. Interne Fähigkeiten können im Zusammenhang mit persönlichen Charaktereigenschaften, intellektuellen und emotionalen Vermögen, der Wahrnehmungsfähigkeit, dem Gesundheitszustand bzw. der Beweglichkeit stehen, sind jedoch nicht angeboren,

72 Sen, Amartya: Capabilities, Lists and Public Reason. Continuing the Conversation. In: Feminist Economics, 10(3) 2004, S. 77–80, hier: S. 77, 78 u. 79. Den offenen Charakter des Katalogs unterstreicht Nussbaum auch in ihrer neuesten Monographie, dreißig Jahre intensiver Weiterentwicklung des Ansatzes später. Die Fähigkeitenliste sei „keine umfassende Darstellung des lebenswerten menschlichen Lebens, sondern eine begrenzte und nicht-metaphysisch ausgerichtete Liste für politische Zwecke, die politische Ansprüche in einer pluralistischen Gesellschaft begründen kann". Nussbaum 2020, S. 210.

73 Nussbaum, Die Natur des Menschen, seine Fähigkeiten und Tätigkeiten. a. a. O. 1999, S. 103.

sondern werden unter günstigen gesellschaftlichen Umständen, zum Beispiel durch Bildungs- und Sozialisationsprozesse, erst entfaltet.

Um das soziale und politische Umfeld analysieren zu können, in dem Menschen über entwickelte interne Fähigkeiten zwar verfügen, diese aber nicht ausleben können, führt Nussbaum den Begriff **External Capabilities** ein. Sie werden von ihr mit den folgenden Worten definiert: „Ein Mensch hat zum Zeitpunkt t dann und nur dann die externe Fähigkeit, die Tätigkeit A auszuüben, wenn der Mensch zum Zeitpunkt t die externe Fähigkeit zu A hat und keine äußeren Umstände ihn daran hindern, A auszuüben“[74]. Zwischen den internen und externen Fähigkeiten ist keine scharfe Trennungslinie gegeben, denn die Entwicklung einer internen Fähigkeit meist geeignete politisch-soziale Bedingungen erfordert. Die Unterscheidung ist allerdings sinnvoll, da selbst eine weit entwickelte interne Fähigkeit dem Individuum wenig nützt, wenn es über externe Fähigkeiten nicht verfügt (zum Beispiel kann eine Person zwar die interne Fähigkeit besitzen, sich eine eigene politische Meinung zu bilden und sie zu artikulieren, da sie jedoch in einem autoritären Staat lebt, in dem das Recht auf Redefreiheit nicht garantiert ist, kann sie diese Fähigkeit nicht ausleben). Aus diesem Grund verwendet Nussbaum in ihren neueren Schriften den Begriff **Combined Capabilities**, um darauf hinzuweisen, dass die externen Fähigkeiten mit den internen zusammenhängen.[75]

Wie bereits erwähnt, wird die aktive Realisierung einer Fähigkeit als **Functioning** bezeichnet. Functionings sind Funktions- bzw. Tätigkeitsweisen, für die sich ein Individuum durch Inanspruchnahme seiner Fähigkeiten entscheidet. Mit anderen Worten sind sie Seins- und Tätigkeitsweisen (engl. beings and doings), die ein Individuum vollzieht. Amartya Sen hat den Unterschied zwischen Capability und Functioning unter anderem am Beispiel des Verhungernden und Fastenden deutlich gemacht. Während ein fastender Mensch die Fähigkeit besitzt den Hunger zu beenden, hat der am Verhungern Leiden-

74 A. a. O., S. 106.
75 Vgl. Nussbaum 2011, S. 20 f.

de keine solche Wahl. In diesem Fall handelt es sich um die ein und dieselbe Tätigkeit (Functioning), nicht aber um die gleiche Fähigkeit (Capability), weil der Verhungernde keine Möglichkeit hat, den Hunger zu beenden – er verfügt, in Sens Terminologie, über keine Freiheit dazu.[76]

Erreichte Tätigkeitsweisen, das heißt tatsächlich vollzogene Handlungen, haben den Vorteil relativ einfacher Evaluierbarkeit, weshalb sie oft als Grundlage für die Messung der Lebensqualität herangezogen werden. Vor dem Hintergrund, dass die Entwicklung der Fähigkeiten die Handlungsfreiheit des Einzelnen stärkt, betont Nussbaum neben anderen Theoretikern des Capabilities Approach, dass sich die Politik an der Förderung der Fähigkeiten und nicht der tatsächlich vorhandenen Tätigkeitsweisen orientieren sollte. Unter deutlichem Einfluss von Sen behauptet sie daher: „[C]apabilities have value in and of themselves, as spheres of freedom and choice. To promote Capabilities is to promote areas of freedom, and this is not the same as making people function in a certain way“[77]. Dies scheint vor dem Hintergrund des liberalen Elements in Nussbaums Fähigkeiten-Ansatz ein einleuchtendes politisches Postulat zu sein, doch auf der Implementierungsebene stößt diese Forderung auf zahlreiche Hindernisse. Denn, wie bereits angedeutet, die Evaluierbarkeit der Tätigkeiten ist einfacher als die Einschätzung der Befähigungen, von denen die Menschen freien Gebrauch machen können. Bei den Fähigkeiten handelt es sich nicht um bereits vollzogene Handlungen, sondern um einen Bündel an potenziellen *beings and doings*. Während Handlungen unmittelbar beobachtet und ermittelt werden

76 Vgl. auch das Beispiel von Robeyns: „Capabilities are a person's real freedoms or opportunities to achieve functionings. Thus, while travelling is a functioning, the real opportunity to travel is the corresponding capability. The distinction between functionings and capabilities is between the realized and the effectively possible, in other words, between achievements, on the one hand, and freedoms or valuable opportunities from which one can choose, on the other“. Robeyns 2011.

77 Nussbaum 2011, S. 25.

können, ist die Auswertung der Verwirklichungschancen wegen der offenkundigen Tatsache, dass die Individuen nicht von allen Verwirklichungschancen Gebrauch machen müssen, geradezu unmöglich. Aus diesem Grund muss sich jede empirische Anwendung des Capabilities Approach auf die erreichten Funktionsweisen beschränken, was aber ein ergebnisorientiertes Verfahren wäre. Obwohl die ausgeübten Functionings den Zustand erreichter und potenzieller Lebensqualität nahelegen können, gilt das Hauptinteresse des Capabilities Approach gerade nicht diesem Indikator. Abgesehen davon, dass Verwirklichungschancen schwieriger als tatsächliche Funktionstätigkeiten zu ermitteln sind, ist es oftmals nicht möglich, Capabilities wie etwa in Bezug auf die Redefreiheit mit bloßen Zahlen zu evaluieren. Daher bedarf es einer ständigen Suche nach neuen Indikatoren sowie einer „diskursiven Form der Analyse", die zum Beispiel durch die Heranziehung der Präzedenzfälle aus der Rechtsprechung möglich ist.[78]

Nussbaums Forderung, dass sich die Politik an der Förderung der Fähigkeiten orientieren sollte, hängt mit der Idee des politischen Liberalismus zusammen, der in ihrem Theoriegebilde eine wichtige Rolle zukommt.[79] So sollte zum Beispiel das Gesundheitssystem mit seinen Instrumenten gesundheitlicher Aufklärung so beschaffen sein,

78 Genau dieses Verfahren wendet Nussbaum in ihrer Monographie *Hiding from Humanity* an. Darin untersucht sie die Rolle der Emotionen von Scham und Ekel in der US-amerikanischen Rechtsprechung. In Kapitel *Protecting Citizens from Shame* zeigt Nussbaum anhand von authentischen Beispielen, wie Fähigkeiten der Bürger durch Antidiskriminierungsgesetze oder Integrationsmaßnahmen gefördert werden können. Nussbaum, Martha C. (2004): Hiding from Humanity. Disgust, Shame, and the Law. Princton University Press. Auch in *Liberty of Conscience* bedient sich Nussbaum der Fallstudien und rechtlicher Präzedenzfälle. Nussbaum, Martha C. (2007): Liberty of Conscience. In Defense of America's Tradition of Religious Equality. New York: Basic Books.

79 Die Idee des politischen Liberalismus versteht Nussbaum folgendermaßen: „Wenn ich von ‚Liberalismus' spreche, habe ich also vor allem die Tradition des kantianischen Liberalismus im Sinn, wie sie im modernen politischen Denken von John Rawls vertreten wird, sowie die liberale Tradition des klassischen Utilitarismus, zumal in der Form, wie sie sich in den Schriften von John Stuart Mill darstellt". Nussbaum, Martha C. (2002): Konstruktion der Liebe, des Begehrens und der Fürsorge. Drei philosophische Aufsätze. Stuttgart: Reclam, S. 19.

dass ein gesunder Lebensstil nicht nach Vorstellungen des Gesetzgebers mit Zwangsmaßnahmen durchgesetzt wird. Vielmehr muss für Chancen für eine gesunde Lebensführung gesorgt werden, über die Menschen angemessen informiert werden, die sie aber nach freier Entscheidung für sich in Anspruch nehmen oder ablehnen können.[80] Eine Ausnahme bilden Nussbaum zufolge Kinder und Jugendliche, die ihre Fähigkeiten erst durch die Ausübung bestimmter Tätigkeiten entwickeln können. Ihre Handlungsfreiheit darf aus guten Gründen eingeschränkt werden, weil die Vermittlung des gesunden Lebensstils oder die Bewusstmachung der Bedeutung körperlicher Integrität für die Befähigung zu einem selbstbestimmten Leben förderlich und gar notwendig ist.

Ein anderes Beispiel, das Nussbaum vorbringt, um die Capability-Functioning-Problematik aufzuzeigen, betrifft die Praxis der Beschneidung weiblicher Genitalien. Im Sinne des Capabilities Approach muss diese Praxis in einer anständigen Gesellschaft unterbunden und verboten werden, weil sie die Frauen der Fähigkeit, sexuelle Lust zu empfinden, beraubt. Frauen könnten sich freiwillig aus religiösen oder sonstigen Gründen zu zölibatärem Leben entscheiden, im Falle der Genitalverstümmelung ist jedoch eine solche Entscheidungsfreiheit nicht gegeben. Nussbaums weiteres Argument, das für die Förderung der Capabilities statt Functionings spricht, ist weltpolitischer Natur und besagt, dass soziale Missstände nicht durch wohlgemeinte Intervention von außen, geschweige denn durch Gewalt, Unterwerfung oder Kolonialisierung von Seiten anderer Staaten behoben werden dürften. Der Capabilities Approach zielt nicht auf die Behebung sozialer Missstände durch äußere Mächte ab, sondern verfolgt das Ziel, dass die Angehörigen einer politischen Gemeinschaft die Frei-

80 Diese Auffassung wird in Nussbaums neuester Monographie auf der Ebene der Entwicklungspolitik bekräftigt: „Man sollte die eigene Handlungsfähigkeit der Armen respektieren, statt sich über eine Wohltätigkeit zu freuen, die sowohl unerwünscht als auch unwirksam sein kann". In diesem Kontext ist auch von „Fähigkeitensicherheit" die Rede. Nussbaum 2020, S. 287 u. 289.

heit dazu entwickeln, ihre Zukunft politisch, sozial und wirtschaftlich selbst zu gestalten.

Bevor Nussbaums Katalog der Grundfähigkeiten und die sich aus ihm ergebenden Aufgaben für die Politik beleuchtet werden – wodurch ihre Begründung der Menschenrechte deutlich wird –, muss auf die zunächst nur andeutungsweise benannten Einflüsse, die Nussbaums Fähigkeiten-Ansatz zugrunde liegen, näher eingegangen werden. Im Denken von Martha C. Nussbaum lassen sich drei Säulen erkennen, auf denen ihr Projekt ruht. Erstens ist es die Position des aristotelischen Essentialismus, die ihre anthropologische Begründung untermauert. Zweitens ist es der Fokus auf die Autonomie des Individuums, der aufgrund der starken[81] Konzeption des Guten ambivalent erscheinen muss. Drittens sind es Aspekte feministischer Philosophie, die in Nussbaums Werk mehrfach zur Sprache kommen.

Im Folgenden wird auf diese drei grundlegenden Einflüsse näher eingegangen.

2.1 Nussbaums Neoaristotelismus

In der Aristoteles-Forschung wird zwischen zwei großen Traditionen unterschieden: der kontinentaleuropäischen thomistischen Tradition sowie der angloamerikanischen Tradition, die unter anderem

81 Romero meint eine Erklärung darüber gefunden zu haben, weshalb Nussbaums Konzeption trotz ihres offenen Charakters eigentlich „stark" ist: nämlich, weil sie universale Annahmen a priori voraussetzen würde. Nussbaums Grundbefähigungen sind dezidiert universalistisch, weshalb sie sich, wie in dieser Einführung gezeigt wird, ähnlich den Menschenrechten verstehen lassen. Allerdings ist Romeros Interpretation, Nussbaums Katalog lägen apriorische Annahmen zugrunde, unglücklich gewählt, wenn nicht gar falsch. Denn der Capabilities Approach operiert gerade mit dem zentralen Faktum der gemeinsamen menschlichen Grunderfahrungen, eine lebendige Anthropologie dieser Art ist alles andere als „apriorisch". Vgl. Romero, Julian Molina (2016): Die politische Philosophie von Amartya Sen. Soziale Gerechtigkeit und globale Entwicklung auf Grundlage des Capability Approach, Münster: Mentis-Verlag, S. 229.

von den marxistisch orientierten Vordenkern David Ross und Thomas Hill Green geprägt wurde. Nussbaum ist der letzteren Tradition zuzurechnen. Da Aristoteles-Interpretationen britisch-sozialistischer Provenienz um das besondere Hervorheben der Freiheit des Einzelnen bemüht sind, stehen sie teilweise im eklatanten Kontrast zu katholischen Auslegungsversuchen. Nussbaum wirft zum Beispiel den katholischen Aristoteles-Interpreten John Finnis und Robert P. George vor, sie würden ihre Lesart der aristotelischen Konzeption des guten Lebens dazu nutzen, die Einschränkung von Freiheiten zu postulieren. Ein menschliches Leben, das nicht alle Merkmale eines guten Lebens nach Aristoteles aufweise, erscheine in ihren Theorien als unzulänglich und minderwertig. Nach Finnis würde zum Beispiel ein auf Lust und Vergnügen ausgerichtetes Leben kein wahrhaft erfüllendes sein, was Aristoteles Schriften widerspreche.

Aristotelische Ideen werden von Nussbaum auf ihre genuin politische Konzeption des guten Lebens angewendet, wobei dieser Versuch als ein **sozialdemokratisches Unterfangen** erscheint. Dass der Rückgriff auf das aristotelische Gedankengut in der angelsächsischen einerseits und der deutschen Rezeptionskultur andererseits zu unterschiedlichen politischen Auffassungen führen kann, verdeutlicht Onora O'Neill mit folgenden Worten:

> „It is striking that Aristotelians today are one thing in the English-speaking world and another in the German speaking world. All Aristotelians hope to discern what human flourishing entails, but whereas many recent Anglophone Aristotelians emphasize that human flourishing is highly variable and sensitive to context, many German-speaking Aristotelians tend to think that human flourishing is far more socially determinate, indeed that it is not that different form the Thomist vision of flourishing accepted in Catholic social thought. […] Patriarchal social relations seem to

many Christian Democratic Aristotelians the proper structure for human flourishing. Not so to Social Democrats".[82]

Der sozialdemokratische Aspekt in Nussbaums Capabilities Approach betrifft vor allem die distributive Aufgabe des Staates, der für das Wohlergehen aller Bürger, und zwar entsprechend ihres individuellen Entwicklungspotenzials, durch angemessene Verteilungspolitik Sorge zu tragen hat. Gleichzeitig aber sollen Bürger unterschiedliche Vorstellungen von ihrem Leben haben und verschiedene metaphysische Ansichten vertreten dürfen.

Nussbaums Gebrauch von Aristoteles kann als ein Beispiel für die „Aristoteles-Renaissance" in der Politischen Philosophie gesehen werden, die in den 1980er Jahren in Erscheinung kam und sich in erster Linie als eine Gegenbewegung zum Liberalismus von John Rawls verstand.[83] Zu den neoaristotelischen Denkern aus dieser Zeit werden unter anderem Michael Sandel und Alasdair MacIntyre gezählt, deren dezidierte Kritik an Rawls die Idee des Kommunitarismus populär gemacht hat. Der Kommunitarismus ist hauptsächlich gegen den Universalismus des Liberalismus gerichtet, da dieser, so der Vorwurf, die Partikularismen allzu sehr hervorhebe. Bei MacIntyre findet sich daher die These, dass nur kleine politische Gemeinschaften (die *Polis* im aristotelischen Sinne) gut funktionieren könnten, da nur dann sich ein Zusammengehörigkeitsgefühl zwischen den

82 O'Neill, Onora: Justice, Capabilities, and Vulnerabilities. In: Jonathan Glover/ Martha C. Nussbaum (Hrsg.): Women, Culture, and Development. A Study of Human Capabilities, Oxford: Clarendon Press 1995, S. 140–152, hier: S 145.

83 Allerdings ist diese Gegenbewegung in keiner Weise homogen. Der Umstand, dass diverse Konzeptionen mit dem Etikett des Neoaristotelismus versehen werden, lässt die „Aristoteles-Renaissance" unübersichtlich erscheinen. Vgl. Sturma: „Bereits eine knappe Aufzählung traditioneller und zeitgenössischer Philosophen, in deren Werk sich signifikante Aristoteles-Einflüsse identifizieren lassen, vermittelt ein äußerst uneinheitliches Bild. Für eine derartig divergierende Auslegung gibt es in der Philosophiegeschichte kaum vergleichbare Beispiele". Sturma 2000, S. 257. Manche Autoren, wie etwa John Wallach, bestreiten die Existenz einer eigenständigen Strömung.

Bürgern herstellen ließe.[84] Martha C. Nussbaum zu dieser kommunitarischen Bewegung zu zählen, griffe zu kurz. Auch wenn sie die Bedeutsamkeit der Gemeinschaft nicht außer Acht lässt, ist ihr neoaristotelischer Ansatz wesentlich mehr auf die Autonomie des Individuums fokussiert als dies in kommunitarischen Konzeptionen des politischen Zusammenlebens der Fall ist.

Autoren, die auf den aristotelischen Naturalismus zurückgreifen, bedienen sich vor allem zweier Thesen von Aristoteles, nämlich der These, dass die Tugenden für die Erreichung der Glückseligkeit, der *eudaimonia*, unerlässlich sind sowie der These, dass die Betrachtung menschlicher Natur eine rationale Begründungsgrundlage für die Ethik liefern kann.[85] Dies trifft auch für Nussbaum zu. Für die politische Anthropologie, deren sich Nussbaum bei der Spezifizierung der menschlichen Lebensform bedient, sind zwei aristotelische Wesensmerkmale von besonderer Bedeutung: Sozialität sowie Sprache und Vernunft.

Nussbaum verfolgt als Neoaristotelikerin das Ziel, eine essentialistische Anthropologie und eine Konzeption des guten Lebens zu entwerfen, bei der der *eudaimonia*-Begriff als ein Orientierungspunkt fungiert, so dass sie sich auf die benannten Thesen in der Tat bezieht. Bevor gezeigt wird, auf welche Weise sie von Aristoteles Gebrauch macht, erscheint es hilfreich, zunächst auf die Schriften von Aristoteles selbst einzugehen.

Aristoteles' eudämonistische Ethik macht die Erlangung der Glückseligkeit, die von ihm als etwas Vollendetes und für sich allein Genügendes definiert wird, zum zentralen Beweggrund und Ziel des menschlichen Handelns. In der *Nikomachischen Ethik* heißt es:

---

84 Vgl. MacIntyre, Alasdair (1995): Der Verlust der Tugend. Zur moralischen Krise der Gegenwart. Frankfurt am Main: Suhrkamp.

85 Vgl. Hursthouse, Rosalind: On the Grounding of the Virtues in Human Nature. In: Lutz-Bachmann, Matthias/Jan Szaif (Hrsg.): Was ist das für den Menschen Gute? Menschliche Natur und Güterlehre/What Is Good for a Human Being? Human Nature and Values, Berlin/New York: Walter de Gruyter 2004, S. 263–275, hier: 263.

„[Das Glück] wählen wir immer um seiner selbst willen und niemals um anderer Dinge willen, während wir Ehre, Lust, Vernunft und jede Tugend zwar um ihrer selbst willen wählen (...), aber auch dem Glück zuliebe, weil wir annehmen, dass wir durch sie glücklich sein werden“[86]. Dadurch wird die Frage nach dem guten Leben, die in der antiken Philosophie eine zentrale Rolle spielte, von Aristoteles direkt beantwortet. Man darf hierbei nicht vergessen, dass *eudaimonia* eine stärkere Bedeutung hat als der deutsche Ausdruck „Glück“, der allzu leicht mit einem auf (körperliche) Lust abzielenden Hedonismus verwechselt werden kann.[87] Aristotelischer Glücksbegriff kann nicht auf Lustgefühle reduziert werden, die eine Zeitlang empfunden werden, sondern ist als eine dauerhafte Verfassung zu verstehen, die durch das Tätigsein der vernünftigen menschlichen Seele im Sinne der praktischen Vernunft bzw. des überlegenden Teils der Vernunft (*logistikon*) zustande kommt. Glück ist demnach kein Zustand, sondern eine Tätigkeit. Es ist etwas Dynamisches, das erst durch richtig verstandene Praxis erlangt wird. Der Mensch muss seine Fähigkeiten und Möglichkeiten ausnutzen, um wahrhaft glücklich werden zu können, wofür verschiedene (äußere, seelische und leibliche) Güter erforderlich sind. Dieser Gedanke, den Nussbaum in ihre „starke vage Theorie des Guten“ inkorporiert, ist von ganz wesentlicher Bedeutung:

> „Es ist eine zentrale Einsicht der aristotelischen Ethik, daß die Eudaimonie, d.h. die vortreffliche und als Erfüllung unseres Grundstrebens erfahrbare Lebenspraxis, als ein Modus von Tätigsein definiert werden muß, da die kognitiven Fähigkeiten und guten Charakterdispositionen erst dadurch, daß sie betätigt werden, eine solche Lebenspraxis begründen können“[88]

86 Aristoteles: Nikomachische Ethik, übers. u. hrsg. v. Ursula Wolf, Hamburg: Rowohlt 2006, S. 54 [1097b].

87 Vgl. Wolf, Ursula: Zur Struktur der Frage nach dem guten Leben. In: Steinfath, Holmer (Hrsg.): Was ist ein gutes Leben? Philosophische Reflexionen. Frankfurt am Main: Suhrkamp 1998, S. 32–46, hier: S. 33.

88 Szaif, Jan: Naturbegriff und Güterlehre in der Ethik des Aristoteles, in: Lutz-

Aristoteles gibt seelischen Gütern den Vorzug, verkennt jedoch die Bedeutung der äußeren Güter nicht. Ganz im Gegenteil sieht er zum Beispiel Freunde, Geld und politischen Einfluss als wichtige Hilfsmittel. In seiner Definition des Glücks kommen die äußeren Güter explizit zum Tragen. Entscheidend für die Erlangung der Eudämonie ist nach Aristoteles die „Verwirklichung sittlicher Vollkommenheit", worunter ein tugendhaftes Leben verstanden wird. Dabei sollte man im Auge behalten, dass der Tugend-Begriff (*aretē*) bei Aristoteles nicht moralistisch zu verstehen ist, wie es die durch Scholastik kontaminierte Lesart nahelegen könnte. Vielmehr ist damit das menschliche Vermögen gut zu funktionieren gemeint. Das Verständnis von *aretē* ist hier nicht ohne Bedeutung, weil Nussbaums Capability-Begriff auf diesen aristotelischen Begriff zurückgeführt werden kann. Dabei muss jedoch dem Versuch (den Nussbaum direkt nicht unternimmt), den griechischen Ausdruck *aretē* mit Capability eins zu eins zu übersetzen, mit Vorsicht begegnet werden. Die aristotelischen Tugenden sind keine „Fähigkeiten" oder „Vermögen", sondern vielmehr Vorzüglichkeiten bzw. Bestheiten. Im englischen Sprachraum spricht man daher konsequenterweise von *excellences* statt *virtues*.[89]

Die sittliche Vollkommenheit kann Aristoteles zufolge auf drei Wegen, nämlich durch Naturanlage, Gewöhnung und Belehrung, erlangt werden. Durch Belehrung können so genannte dianoethische Tugenden erworben werden, die sich auf den Gebrauch des Verstandes beziehen. Ethische Tugenden betreffen die Sittlichkeit des Menschen und können durch Gewöhnung erworben werden. Der Gewöhnung bzw. Erziehung wird von Aristoteles eine wichtige politische

Bachmann, Matthias/Jan Szaif (Hrsg.): Was ist das für den Menschen Gute? Menschliche Natur und Güterlehre/What Is Good for a Human Being? Human Nature and Values, Berlin/New York: Walter de Gruyter 2004, S. 54–100, hier: S. 63.

89 Nussbaum benutzt in ihren Werken das gewohnte „virtue", wenn sie sich auf Aristoteles bezieht. In der deutschen Übersetzung von Ursula Wolf wird das Wort mit „Gutheit" wiedergegeben. Das korrekte Verständnis dieser Begriffe könnte bei der Klärung der Frage helfen, inwiefern Nussbaums ethische Theorie perfektionistisch ist (siehe nächstes Kapitel).

Rolle zugemessen. Da Menschen nach Lust streben und Schmerz meiden, muss ihnen durch Erziehung das korrekte Verhalten zwischen diesen Extremitäten beigebracht werden. Diese Aufgabe sollte der Staat übernehmen. Die Staatskunst (*politike*) ist für Aristoteles ein Ziel, dem alle anderen Wissenschaften dienen sollten, weil das erstrebte Gut dasselbe für das Gemeinwesen wie für den Einzelnen darstellt. In seiner *Politik* heißt es hierzu: „Daß nun zwar mit Notwendigkeit dies die beste Staatsverfassung ist, nach deren Ordnung sich wohl jeder am besten hält und selig lebt, ist offenbar“[90]. Das Glück des Einzelnen, der „im Sinn einer Tugend, die ein abschließendes Ziel (*teleion*) ist, betätigt und mit äußeren Gütern hinreichend ausgestattet ist, und zwar nicht nur über irgendeine Zeitspanne hinweg, sondern während eines ganzen Lebens“[91] besteht, hat Aristoteles zum höchsten Ziel der Politik erhoben. Allen Bürgern gute Bedingungen zur Entfaltung ihrer Fähigkeiten zu ermöglichen, ist demnach die wichtigste Aufgabe des Staates. Aristoteles versteht dies nicht paternalistisch oder in Kategorien des Zwangs, der auf den Einzelnen ausgeübt würde. Vielmehr hat der Staat die Fähigkeiten lediglich zu fördern, wobei dem Einzelnen ein beträchtlicher Spielraum gewährt wird. Die Autonomie des Individuums wird nicht dezimiert, denn die Ablehnung des staatlichen Angebots steht jedem frei. Die Zurverfügungstellung von Gütern und Ressourcen ist an den Gedanken sozialer Gerechtigkeit geknüpft und beruht bei Aristoteles auf der distributiven Funktion des Gemeinwesens. Die aristotelische Sicht des menschlichen Tätigseins setzt bereits die distributive Funktion voraus. Sie basiert auf der Idee der Verteilungsgerechtigkeit, die besagt, dass gemeinschaftliche Güter auf die einzelnen Bürger angemessen verteilt werden sollen. Um diesen Gedanken theoretisch zu begründen, führt Aristoteles den Begriff der *iustitia distributiva* ein, die die proportionale Gleichheit bedeutet und auf die Distribution sozialer

90 Aristoteles: Politik. Übers. u. hrsg. v. Franz F. Schwarz. Stuttgart: Reclam 1989 (=Schriften zur Staatstheorie), S. 323 [1324 a]. Hervorhebung des Verfassers.

91 Aristoteles 2006, S. 66 [1101a].

Güter abzielt. Davon unterschieden wird die *iustitia directiva*, die den arithmetischen Gleichheitsbegriff bildet und den Menschen als Träger von Rechten und Pflichten (als Rechtsperson) erscheinen lässt.[92]

Es kann argumentiert werden, dass Aristoteles' Güterlehre von einem bestimmten Menschenbild begleitet wird, so dass sich die Vergleichbarkeit der Menschen nachweisen lässt. Dadurch wäre die „beste" Lebensform unmittelbar durch die menschliche Natur vorgegeben. Diese Lesart hängt mit der These vom essentialistischen Naturalismus zusammen, die dem menschlichen Leben bestimmte universale Eigenschaften und Fähigkeiten prädiziert, zu denen auch die von Nussbaum aufgegriffene praktische Vernunft und soziale Bindung zählen. Der Essentialismus-These selbst liegt der Begriff der Wesenheit (*ousia*) zugrunde, der in Aristoteles' *Metaphysik* wie folgt definiert wird:

> „Ferner heißen Wesenheit (ousia) die Teile (moria), welche immanent in den Dingen dieser Art dieselben begrenzen und als dies bestimmte Etwas bezeichnen, mit deren Aufhebung das Ganze aufgehoben ist, wie z. B. mit Aufhebung der Linie die Fläche aufgehoben ist; und überhaupt dieser Art scheint einigen die Zahl zu sein, weil nach ihrer Aufhebung nichts sei und sie alles begrenze".[93]

Zwischen der Verknüpfung der „starren" Betrachtung menschlicher Natur mit der Theorie des guten Lebens wäre dieser Lesart zufolge bei Aristoteles ein kausaler Zusammenhang zu erkennen. James Griffin teilt diese Interpretation und kommentiert sie folgendermaßen: „In the famous version of this argument, Aristotle is confident that there is a single ideal [of life] because he believes that there is a single

92 Vgl. im Kontext zu Nussbaum: Kunze, Axel Bernd (2005): Emanzipatorischer Essentialismus. Die Gerechtigkeitstheorie der amerikanischen Philosophin Martha C. Nussbaum. Berlin: VWF, S. 5.

93 Aristoteles: Metaphysik, hrsg. v. Ursula Wolf, übers. v. Hermann Bonitz. Hamburg: Rowohlt 2005, S. 140 [1017b].

human nature"[94]. Die Hervorhebung des metaphysischen Aspektes der aristotelischen Konzeption vom guten Leben veranlasst Griffin zu der Überzeugung, dass das Wohlergehen bei Aristoteles einem „God-like review of eternal truths as they march in orderly formation before the mind"[95] geschuldet sei. Demzufolge wäre die homogene Menschennatur bei Aristoteles mit einer metaphysisch fundierten perfektionistischen Theorie des Guten verknüpft. Interpretiert man Aristoteles auf diese Weise, dann wird man feststellen, dass Aristoteles' Argumentation zirkulär zu sein scheint und unweigerlich den Vorwurf des naturalistischen Fehlschlusses provoziert. Aristoteles weist nämlich das, was er für gut hält, als naturgegeben aus, um dann im Anschluss das Gute aus dem Naturgegebenen wieder hervorzuzaubern.[96]

Gegen diese von vielen Seiten anfechtbare biologistisch-metaphysische Lesart lässt sich argumentieren, dass durch die Zulassung der Pluralität angestrebter Ziele das universale Letztziel, das heißt die Erreichung eines erfüllten und glücklichen Lebens, bei Aristoteles gar nicht dezimiert wird. Vielmehr ist dieses Letztziel von allen Menschen trotz diverser Lebensentwürfe erreichbar. Bei Friedo Ricken findet sich eine plausibel erscheinende Begründung einer solchen Aristoteles-Interpretation, die, wie es im Folgenden zu zeigen sein wird, Martha C. Nussbaum in ähnlicher Form vertritt:

> „Es ist zu unterscheiden zwischen der Frage, ob eine Moralphilosophie eine Konzeption des Guten hat, und der anderen Frage, ob die Konzeption des Rechten in dieser Moralphilosophie von ihrer Konzeption des Guten abhängt bzw. ob ihre Konzeption des Rechten logisch nur eine Konzeption des Guten zulässt. Für Aristoteles zum Beispiel ist die erste Frage zu bejahen. Seine Ethik ist in dem Sinne eine umfassende Lehre, daß sie ein Ideal der persönlichen Vollkommenheit und der verschiedenen

94 Griffin 1986, S. 57. Hervorhebung des Verfassers.

95 A. a. O.

96 Vgl. Jörke 2005, S. 21

> Formen des menschlichen Zusammenlebens, eine Glücksvorstellung u. a. m. enthält. Dagegen ist die zweite Frage für ihn zu verneinen. Das fünfte Buch der Nikomachischen Ethik ist eine Abhandlung über die für das Gelingen der Kooperation zwischen Menschen notwendigen Bedingungen. Diese Theorie der Gerechtigkeit ist nicht von einer bestimmten Konzeption des Guten abhängig, es sei denn, man sehe das Gute ausschließlich in der gelungenen Kooperation".[97]

Abgesehen von der Frage, ob Aristoteles als Dogmatiker in Bezug auf die Konzeption des guten Lebens oder als Befürworter pluralistischer Lebensentwürfe gedeutet wird, kann die Tatsache, dass sich in seinen Schriften starke anthropologische Aussagen finden lassen, nicht verschwiegen werden. Zum Beispiel behauptete Aristoteles in aller Deutlichkeit, dass Sklaven von Natur aus Sklaven seien und die Herausbildung des „vortrefflichen Charakters" den Frauen vorenthalten sei.[98] Man kann durchaus festhalten, dass Frauen und Sklaven für

97 Ricken, Friedo: Ist eine moralische Konzeption der politischen Gerechtigkeit ohne umfassende moralische Lehre möglich? In: Philosophische Gesellschaft Bad Homburg/Wilfried Hinsch (Hrsg.): Zur Idee des politischen Liberalismus. John Rawls in der Diskussion. Frankfurt am Main: Suhrkamp 1997, S. 420–437, hier: S 431. Jan Szaif, der die aristotelische Konzeption als perfektionistisch rekapituliert, unterzieht Nussbaums Versuch, aus der Tugendlehre Aristoteles' Argumente zur Verteidigung des Pluralismus herzuleiten, einer deutlichen Kritik: „Die Formen guten Lebens würden dann als Resultat einer innerhalb der Möglichkeiten des natürlichen Potenzials offenen Selbstgestaltung betrachtet werden (…). Diese Form von Pluralismus scheint jedoch nicht die Auffassung des Aristoteles gewesen zu sein (…). Eine pluralistische Ethik müßte hier nämlich die Möglichkeit gleichwertiger alternativer Entwürfe eines sittlichen Lebensethos berücksichtigen, die unterschiedliche Gewichtungen und Ausformungen der Tugenden erfordern. Davon findet sich aber in den aristotelischen Tugendtraktaten keine Spur. […] Nussbaum versucht eine systematische Herleitung des Tugendkataloges zu rekonstruieren. Demgegenüber muß man festhalten, daß in Aristoteles' Ethiken dieser Versuch nicht gemacht wird. Die Erfolgsaussichten eines solchen Rekonstruktionsversuches scheinen mir auch zweifelhaft". Szaif, Naturbegriff und Güterlehre in der Ethik des Aristoteles, a. a. O. 2004, S. 81 u. S. 87 (Fußnote).

98 „Aristoteles hält die große Menge und die Mehrzahl der Griechen von Natur aus

Aristoteles keine Menschen im umfassenden Wortsinn waren. In seiner *Politik* finden sich die berüchtigten Aussagen, die dies belegen:

> „Denn das, welches in der Lage ist, mit dem Denken vorauszusehen, ist von Natur aus das Herrschende und das von Natur aus Gebietende, doch das, welches in der Lage ist, eben das mit dem Körper durchzuführen, das ist das Beherrschte und das von Natur aus Dienende. Daher ist dem Herrn und dem Sklaven ein und dasselbe von Nutzen. Von Natur aus ist also das Weibliche und das sklavisch Dienende getrennt“[99].

> „Es ist nämlich *von* der *Natur aus* der ein Sklave, der einem anderen gehören kann – deshalb gehört er ja auch einem anderen –, und der nur soweit Anteil an der Vernunft hat, als er sie wahrnimmt, ohne aber über sie zu verfügen“[100].

> „Für die Sklaven ist es zuträglich, Sklaven zu sein, und gerecht“[101].

Die Brauchbarkeit aristotelischer Anthropologie muss für die moderne Menschenrechtstheorie wegen der expliziten Rechtfertigung der Sklaver*ei und der untergeordn*eten Stellung der Frau als fragwürdig erscheinen. Dieser Aspekt aristotelischer Anthropologie, der auf den konkreten kulturellen Kontext seiner Entstehung zurückgeht, wird in neoaristotelischen Konzeptionen der politischen Philosophie aus

für unfähig, die spezifisch menschlichen Tüchtigkeiten bei sich umfassend auszubilden. In der Politik konstatiert er, daß es Adel (eugeneia) und Tüchtigkeit (arete) nur bei wenigen gibt, und spezifiziert unmittelbar darauf: Adlige und Gute (agathoi) „gibt es nirgendwo mehr als hundert, Reiche [und Arme] dagegen überall viele“. Gutschker, Thomas: Aristotelische Diskurse. Aristoteles in der politischen Philosophie des 20. Jahrhunderts. Stuttgart/Weimer: Metzler 2002, S. 137 f.

99 Aristoteles 1989, S. 76 [1252a].

100 A. a. O., [1254b]. Hervorhebung vom Verfasser.

101 A. a. O., [1255a].

nachvollziehbaren Gründen ausgeblendet. Dies ist auch bei Martha C. Nussbaum der Fall.

Ein solcher Gebrauch der aristotelischen Lehre von der Natur des Menschen muss sich dem Vorwurf der Selektivität stellen.[102] Zu dem Gebrauch von Aristoteles durch die Neoaristoteliker macht deshalb John Wallach nicht zu Unrecht die folgende Bemerkung: „When we meet the Aristotle of contemporary Aristotelians, we greet only certain members of his family of thought. Aristotle is not invoked to subjugate women or revive slavery but to enrich our view of ethical and political inquiry“[103]. Wallach zufolge werden von Neoaristotelikern üblicherweise vier Elemente politischer Philosophie von Aristoteles übernommen. Zunächst ist es die praktische Vernunft (*phronesis*). Ferner operiert der Neoaristotelismus mit naturalistischen Annahmen, wobei, wie Wallach unterstellt, manche von ihnen beliebig ausgelassen werden, und zwar „without eliminating its coherence or emptying its substance“[104]. Das dritte Element, das den Neoaristotelikern gemeinsam sei, ist die Verwerfung der Historizität des aristotelischen Denkens. Stattdessen werde dessen überhistorische Bedeutsamkeit betont, was an sich fraglich sei. Das vierte Element bezieht sich auf die Überzeugung, dass Aristoteles' rationale Betrachtung der Politik attraktiver sei als die Kantianische oder die liberale.

Der Vorwurf der Selektivität und Beliebigkeit ist berechtigt, doch letztlich scheint die angemessene Gewichtung der Thesen, die im

102 Isabelle Riesenkampff macht in diesem Zusammenhang in Bezug auf Nussbaum eine effektvolle Parallele: „Am besten lässt sich ihre [Nussbaums] Lesart wohl mit der Interpretation der Theaterstücke von Wladimir Majakowskij vergleichen. Der russische Künstler verlangt von den Regisseuren, die seine Stücke auf die Bühne bringen, den gedanklichen Gehalt in den zeitgenössischen Kontext zu transferieren, und das Werk nach Bedarf zu ändern. So verfährt auch Nussbaum mit den Schriften des Aristoteles.“ Riesenkampff, Isabelle Caroline (2005): Ethik und Politik - Aristoteles und Martha C. Nussbaum. Antike Elemente in einem zeitgenössischen, ethischen Ansatz der Entwicklungspolitik. Gießen Univ. (Diss.), S. 166.

103 Wallach, John: Contemporary Aristotelism. In: Political Theory 20 (1992), S. 613–641, hier: S. 615.

104 A. a. O., S. 618.

umfangreichen Werk von Aristoteles zu finden sind, von entscheidender Bedeutung zu sein. Otfried Höffe meint beispielsweise:

> „[Der Leser] findet zwar anstößige Elemente wie eine teilweise Rechtfertigung der Sklaverei. Ungleich zahlreicher, zudem gewichtiger sind aber die bis heute erwägenswerten Lehrstücke und Argumente, etwa die Behauptung der politischen Natur des Menschen, die Überlegungen zu den verschiedenen Staatsformen und der Gedanke, den politischen Prozess Regeln von Verfassungsrang zu unterwerfen".[105]

Unabhängig davon, wie die Argumente für oder gegen die Brauchbarkeit aristotelischer Gedanken für die heutige Philosophie bewertet werden, muss festgehalten werden, dass Aristoteles keine Idee von der Gleichheit unter den Menschen im heutigen Sinne hatte. Dies erkennt auch Nussbaum, indem sie sagt: „Aristoteles hat zweifellos einen funktionalen Menschenbegriff; demzufolge handelt es sich nicht um menschliche Wesen, wenn ihnen wichtige Grundfähigkeiten völlig fehlen. Aber Frauen sind eindeutig sowohl Menschen als auch Wesen, die seiner Ansicht nach große Defizite aufweisen"[106]. An einer Stelle räumt Nussbaum in Bezug auf den fehlenden Gleichheitsbegriff bei Aristoteles gar ein: „Aristotle's philosophical thought has some grave limitations"[107].

Der zuvor erörterte Begriff der Verteilungsgerechtigkeit bei Aristoteles wird dadurch problematisch. Betrachtet man Aristoteles' Ausführungen im Ganzen, dann muss auffallen, dass ein Mensch, dem die Verteilung von Gütern zugutekommen soll, zunächst von Natur aus die Fähigkeit besitzen muss, die in Frage stehenden Tätigkeiten

105 Höffe, Otfried: Aristoteles. Politik. In: Manfred Brocker (Hrsg.): Geschichte des politischen Denkens. Ein Handbuch. Frankfurt am Main: Suhrkamp 2006, S. 31–46, hier: S 31.

106 Nussbaum, Die Natur des Menschen, seine Fähigkeiten und Tätigkeiten. Aristoteles über die distributive Aufgabe des Staates, a. a. O. 1999, S. 113.

107 Nussbaum 2011, S. 128.

auszuüben. Bei Aristoteles sind aber Sklaven und Frauen davon *von Natur aus* ausgeschlossen. Außerdem ist Aristoteles' Gerechtigkeitsprinzip wohl so zu verstehen, dass Gleiches gleich und Ungleiches ungleich zu behandeln ist, wodurch die bereits benachteiligten Personen von der distributiven Funktion ausgeschlossen werden.[108]

An dieser Stelle sei auf die Einschätzung von Manuel Knoll verwiesen, der Nussbaums Aristoteles-Rezeption grundsätzlicher Kritik unterzieht. Ob diese Kritik berechtigt ist, wird sich aus der Charakteristik von Nussbaums Konzeption im weiteren Teil dieser Untersuchung zeigen:

> „[Es ist] widersprüchlich oder bestenfalls mißverständlich, wenn Nussbaum einerseits einräumt, daß Aristoteles Sklaven von Natur und Frauen von der Erziehung zum guten und glücklichen Leben ausschließt, und anderseits behauptet, Aristoteles ziele auf die ‚volle Entfaltung der natürlichen Anlagen eines jeden Menschen' ab. Dieser Kritikpunkt gewinnt deutlich an Gewicht, wenn man sich vergegenwärtigt, daß Aristoteles in der besten Polis auch die Bauern, Handwerker und Händler, die quantitativ größte Gruppe der männlichen Bevölkerung, von der Erziehung zum guten und glücklichen Leben und von der Bürgerschaft ausschließt".[109]

108 Aristoteles' Ansichten waren wohlgemerkt konform mit dem kulturellen Kontext des antiken Griechenlands: „Daß Frauen für Aristoteles offenbar so grundlegend anders waren, daß ihnen gemäß seinem Prinzip kein Unrecht geschah, wenn man sie von der Bürgerschaft ausschloß, wurde nicht als Mangel begriffen oder als Zeichen, daß etwas nicht stimmte". MacKinnon, Catherine: Kriegsverbrechen – Friedensverbrechen. In: Hurley, Susan/ Stephen Shute (Hrsg.): Die Idee der Menschenrechte. Frankfurt am Main: Fischer Verlag 1996, S. 104–143, hier: 116 f.

109 Knoll 2009, S. 266.

2.2 Die ambivalente Stellung des Liberalismus

Nussbaums Capabilities Approach weist Merkmale einer liberalen Moraltheorie auf, denn ihre Konzeption des guten Lebens wird an die Freiheit des Individuums gekoppelt. Bei der Einbeziehung liberaler Gedanken ist bei Nussbaum neben dem Rekurs auf Thomas Hill Green der häufige Gebrauch von Mill-Zitaten augenfällig. Wie Nussbaum betont, ist die Getrenntheit der Personen „ein Grundfaktum des menschlichen Lebens. Indem der Liberalismus dieses Faktum betont, akzentuiert er etwas, was erfahrungsgemäß zutrifft und grundlegend wichtig ist“[110]. Der Freiheitsbegriff wird dadurch auf die anthropologische Tatsache der Vereinzelung der Menschen zurückgeführt. Als politisches Postulat wird von Nussbaum die Freiheit als positive Freiheit aufgefasst, von den gegebenen individuellen Verwirklichungschancen Gebrauch zu machen. Die Freiheit zur Erlangung des Wohlergehens hängt davon ab, wozu Menschen befähigt sind. Die Befähigungen werden als normative Ansprüche an die Politik verstanden und ähneln in dieser Hinsicht den Menschenrechten.

Der zeitgenössische Liberalismus-Diskurs ist alles andere als homogen. In Bezug auf Nussbaum ist es wichtig die Tatsache zu beachten, dass sich der Liberalismus US-amerikanischer Provenienz von dem europäischen Liberalismus unterscheidet.[111] Die Kritik am Liberalismus wird von US-amerikanischen Autoren meist von republikanischer Warte aus geübt und betrifft vornehmlich den als unrealistisch empfundenen Glauben an den Wert sozialer und ökonomischer Gleichheit. Die für Europa charakteristische Kritik am Liberalismus wird hingegen meist von Seiten der Linken geübt und bezieht sich auf den vermeintlich blinden Glauben Konservativer an die „unsichtbare Hand“ des Marktes. Ferner wird am Liberalismus von Seiten der Linken

110 Nussbaum 2002, S. 32.

111 Ich stütze mich auf die Gegenüberstellung der beiden Traditionen in: Nagel, Thomas: Rawls and Liberalism. In: Samuel Freeman (Hrsg.): The Cambridge Companion to Rawls, Cambridge University Press 2003, S. 62–85.

bemängelt, er lege einen nur unzureichenden Fokus auf die Vorteile staatlicher Maßnahmen und die Bedeutung sozialer Gerechtigkeit.

Nussbaums Capabilities Approach fällt in den Rahmen des liberalen politischen Denkens, obwohl sich ihr Verständnis, wie sie selbst sagt, auf „eine sozialere und wechselseitigere Konzeption der Person gründet, als dies die meisten Formen des Liberalismus tun, und obwohl sie mehr als die meisten Formen des Liberalismus auf den materiellen Voraussetzungen menschlicher Freiheit insistiert“[112]. Damit ist Nussbaum dem linken Spektrum der liberalen Tradition zuzurechnen. Die Freiheit des Individuums kann demnach nicht losgelöst von übrigen Aspekten menschlicher Lebensform betrachtet werden, sondern ist vielmehr ein durch äußere Faktoren bedingtes (und beschränktes) Gut. Ein Liberalismus, der lediglich auf egalitäre Stellung der Bürger abzielt, greift Nussbaum zufolge zu kurz. Vielmehr bedarf es von Seiten des Staates einer „umfassende[n] Sorge um das Gedeihen in sämtlichen Lebensbereichen“[113]. Nussbaums Freiheitsbegriff geht also über die negative Freiheit hinaus. Das Recht auf Nichteinmischung von Seiten des Staates und die Betonung der Privatsphäre des Individuums, die in liberalen Theorien hervorgehoben werden, werden von Nussbaum als nicht hinreichend aufgefasst. In *Creating Capabilities* behauptet sie gar, dass alle Freiheiten im Grunde positive Freiheiten sind: „Fundamental rights are only words unless and until they are made real by government action. The very idea of ‚negative liberty‘, often heard in this connection, is an incoherent idea: all liberties are positive, meaning liberties *to do* or *to be* something; and all require the inhibition of interference by others“[114].

Die Stellung des Liberalismus in Nussbaums Werk ist trotz dieser eindeutigen Verweise als ambivalent zu betrachten. Nussbaums Fähigkeiten-Ansatz könnte als eine perfektionistische ethische Theorie interpretiert werden, wodurch die Frage, ob Nussbaums Konzep-

112 Nussbaum, Langfristige Fürsorge und soziale Gerechtigkeit. a. a. O. 2003, S. 198.
113 Nussbaum, Menschliches Tun und soziale Gerechtigkeit, a. a. O. 1993, S. 343.
114 Nussbaum 2011, S. 65.

tion mit dem Liberalismus vereinbar ist, an Relevanz gewinnt. Der Position des Perfektionismus liegt eine objektive Vorstellung vom Guten zugrunde, die (wie bei Aristoteles) mit einer ethischen Theorie der Entfaltung menschlicher Natur in Verbindung steht. Das Problem besteht darin, dass der politische Perfektionismus im strengen Sinne (wie etwa in Platons Staat) unweigerlich mit der Marginalisierung alternativer Vorstellungen vom Guten einhergeht. Liberale Theorien richten sich gegen ein solches Verständnis politischer Gemeinschaft und erheben die Neutralität des Staates in weltanschaulichen Sachen zur ersten Tugend. Der liberale Staat lehnt den Perfektionismus ab und fördert keine bestimmte Konzeption des Guten. Er kann seine Handlungen prinzipiell nicht unter Verweis auf eine Konzeption des Guten rechtfertigen, die Gegenstand eines vernünftigen Streites sein könnte. Auf der anderen Seite kann die perfektionistische Ausrichtung der Politik das von den Liberalen verlangte Neutralitätsgebot nicht akzeptieren, denn es gibt kein allgemeines Prinzip, das dem Staat die unmittelbare Durchsetzung einer bestimmten Konzeption des Guten verbieten würde.[115]

In der Aufsatzsammlung *Konstruktion der Liebe, des Begehrens und der Fürsorge* stellt Nussbaum die folgende These auf: „Jeder Universalismus, der eine Chance hat, in der modernen Welt überzeugend zu wirken, muß, wie es mir scheint, eine Form des politischen Liberalismus sein"[116]. An einer anderen Stelle heißt es wiederum: „Der Liberalismus legt das Schwergewicht auf die Verteilung von Ressourcen (…). Bei der Sozialdemokratie ist das Bemühen um Gleichheit ein Bemühen um gleiche Fähigkeit, ein Leben lang gut zu leben"[117]. Die beiden Zitate zeigen die ambivalente Stellung des Liberalismus

115 Vgl. Wall, Steven: Perfectionism in Moral and Political Philosophy. In: Edward N. Zalta (Hrsg.): *The Stanford Encyclopedia of Philosophy (Fall 2008 Edition)*, URL: https://plato.stanford.edu/entries/perfectionism-moral, zuletzt abgerufen am 08.10.2020.

116 Nussbaum 2002, S. 9.

117 Nussbaum, Martha C.: Der aristotelische Sozialdemokratismus. In: Dies., Gerechtigkeit oder das gute Leben, Frankfurt/Main: Suhrkamp 1999, S. 24–85, hier: 84.

in Nussbaums Werk deutlich. Auf der einen Seite wird die Autonomie des Einzelnen betont und die universale Idee der Gleichheit, die dem Liberalismus zugrunde liegt, entschieden verteidigt.[118] Auf der anderen Seite wird der Liberalismus als eine unvollständige politische Theorie dargestellt. Nussbaum tendiert zu einem Sozialdemokratismus, der sich durch die Hervorhebung positiver Freiheit und die Befürwortung des staatlichen Interventionismus vom Liberalismus entfernt. Dieses Spannungsverhältnis kann durch die rhetorische Konstatierung aufgelöst werden, dass Nussbaum eine Links- bzw. Sozialliberale ist. Will man Nussbaum als eine Liberale sehen, dann muss man dabei ihre Bemerkung beachten, dass die Postulierung von Freiheiten kein kohärentes politisches Projekt sein kann, weil manche Freiheiten anderen Freiheiten Grenzen setzen. Das Liberalismus-Paradoxon entwickelt dadurch im politischen Raum eine besondere Relevanz. Wenn Nussbaum ihre Konzeption der Capabilities als mit dem politischen Liberalismus vereinbar betrachtet, weil der Entscheidungsspielraum des Einzelnen gerade durch den Fokus auf potenzielle Fähigkeiten statt tatsächliche Funktionen offen gelassen wird, dann muss gefragt werden, ob dies wegen bestehender Interessenkonflikte überhaupt realisierbar ist. Das Problem zeigt sich etwa am Beispiel der Gleichstellung von Mann und Frau, denn „[g]ender justice cannot be successfully pursued without limiting male freedom."[119]. In ihren letzten Werken wird dieses Problem (am Beispiel der Frauenrechte im Islam) mit einiger Akzentverschiebung neu behandelt, worauf im Schlussteil des nachfolgenden Kapitels genauer eingegangen wird.

Die ambivalente Stellung des Liberalismus, wird von Henry S. Richardson vielleicht am angemessensten zusammengefasst: „Nussbaum does us the great service of setting out a richly structured con-

118 Diesem Aspekt des Nussbaumschen Ansatzes wird von manchen Autoren eine zentrale Rolle zugewiesen. Vgl. unter anderem Deneulin: „The capability approach is hence an approach to assess equality from the perspective of capabilities". Deneulin 2014, S. 3.

119 Nussbaum 2011, S. 73.

ception of the good. Although she does not intend it to provide for an unqualified defense of liberalism, it is nonetheless compatible with many of the liberal's central tenets"[120].

2.3 Feministische Aspekte des Capabilities Approach

Nussbaum verdeutlicht ihren Fähigkeiten-Ansatz anhand von konkreten Lebensgeschichten der Menschen, die aus unterschiedlichen Gründen daran gehindert sind, ihr Potenzial zur vollen Entfaltung zu bringen. Die Beispiele sind nicht wertneutral, sondern sollen dem Leser stets den normativ-ontologischen Ansatz vor Augen führen. Denn die essentialistische These, wonach der Mensch als ein Lebewesen mit bestimmten zum Menschsein dazugehörigen Grundfunktionen und Grundbedürfnissen begriffen wird, wird an politische Postulate geknüpft, die diese Grundfunktionen und Grundbedürfnisse ernst zu nehmen haben. Nussbaum nimmt konkrete Entwicklungsbarrieren unter die Lupe, die die menschlichen Grundbefähigungen beeinträchtigen. Durch Hinweise auf Diskriminierungserfahrungen liefert sie gewissermaßen eine negative Definition von Menschenrechten.

Eine der von Nussbaum am häufigsten thematisierten Gruppen, die oft elementarer Chancen für eine „gute menschliche Funktionsweise" beraubt sind, sind Frauen in Entwicklungsländern. Nussbaum kriti-

120 Richardson, Henry S.: The Problem of Liberalism and the Good. In: R. Bruce Douglass [u. a.] (Hrsg.): Liberalism and the Good. New York/London 1990, S. 1–28, hier: S. 22. Das Spannungsverhältnis zwischen einer bestimmten Theorie vom „guten Leben" und der Eigenverantwortung des Einzelnen kann auch konkret als eins zwischen Wohlergehen und Handlungsfreiheit aufgefasst werden. Vgl. Deneulins Einführung in die Entwicklungsethik, die Nussbaums Gedanken auf eine wohlwollende Weise folgt: „The reality of the world today calls for a new framework which people could draw on to shape their social and political action, while respecting their agency and providing support for their wellbeing in a shared social, political and economic environment (…) on the basis of these two fundamental aspects of our humanity: agency and wellbeing. The book argues that the capability approach provides such a framework (…)". Deneulin 2014, S. 3.

siert, dass die westliche Frauenbewegung die Probleme dieser Frauen zu einem großen Teil vernachlässigt hat. In *Women and Human Development* erhebt sie die programmatische Forderung, der akademische Feminismus solle sich stärker mit den Schicksalen der Frauen in der „Dritten Welt" auseinander setzen:

> „Feminist philosophy, I believe, should increasingly focus on the urgent needs and interests of women in the developing world, whose concrete material and social contexts must be well understood, in dialogue with them, before adequate recommendations for improvement can be made (...). Western feminist philosophy has not typically focused on getting loans, learning to read, and buying a sewing machine, although such a focus is common in feminist politics and in other academic disciplines such as development economics and political science"[121].

Bevor Nussbaum ihren Menschenrechtsansatz ausformulierte, hatte sie Jahre lang mit Entwicklungsexperten zusammengearbeitet und mehrere Aufenthalte in Indien absolviert. Sie legt großen Wert darauf, nicht als eine weltfremde und für die Schicksale der Frauen in Entwicklungsländern unempfindliche Theoretikerin betrachtet zu werden, und weist aus diesem Grund ausdrücklich auf die vielen Diskussionen und die eigenen Feldforschungen hin:

> „Working with many activists over the years, and noticing what their experienced eyes notice as significant in the lives of women in their own societies, I have tried to educate my judgment accordingly, and continue to do so"[122].

121 Nussbaum 2000, S. 7 u. 23. An einer anderen Stelle definiert Nussbaum ihren feministischen Ansatz folgendermaßen: „[Mein] Feminismus ist internationalistisch, humanistisch, liberal, und es geht ihm um die soziale Prägung von Präferenzen und Wünschen sowie um mitfühlendes Verstehen". Nussbaum 2002, S. 7.

122 Nussbaum 2011, S. 15. Ferner stützt Nussbaum ihre Schilderungen von Frauenschicksalen auf die wegweisenden Studien von Martha Chen. Nussbaum soll die

In *Women and Human Development* wird beispielsweise die Geschichte einer jungen indischen Frau namens Vasanti aus dem Bundesstaat Gujarat geschildert.[123] Nussbaums Darstellung konzentriert sich auf die ärmlichen Lebensumstände, in denen Vasanti groß geworden ist und auf ihre Lebenswelt im Erwachsenenalter. Nussbaum weist auf mehrere Barrieren sozialer und politischer Natur hin, die sich auf Vasantis Lebensqualität und ihre Entwicklung als Frau negativ ausgewirkt haben. Sie war im Gegensatz zu ihren Brüdern, die als männliche Kinder besser behandelt wurden, permanent unterernährt und lernte unter anderem nicht zu lesen und zu schreiben. Wegen mangelhafter Bildung ist sie nicht in der Lage, die Geschichte ihres Landes und dessen politische und ökonomische Struktur zu verstehen. Ihr Zugang zu vielen Bereichen der Kultur ist eingeschränkt. Als Frau waren ihre Chancen auf dem Arbeitsmarkt gering und sie war der häuslichen Gewalt von Seiten ihres Ehemanns hilflos ausgeliefert.

Die Aufzählung der vielen Lebensbereiche in Vasantis Geschichte zeigt die Reichweite des essentialistischen Ansatzes von Nussbaum. Zum guten Leben gehören nicht nur der Zugang zur Bildung oder Gesundheitsfürsorge. Selbstbestimmungs- und Eigentumsrechte gehören genauso dazu wie der Schutz vor häuslicher Gewalt oder die Möglichkeit und Fähigkeit zur Erholung und zum Spiel. Nussbaum argumentiert, dass etablierte Menschenrechtstheorien nicht besonders hilfreich sind, solche konkreten Fälle menschlicher Existenz wie den von Vasanti zu analysieren. Ob dem Einzelnen in seiner individuellen Lebenssituation Chancen offen stehen, wird durch die blo-

Aktivitäten des erfolgreichen Entwicklungsprojektes Bangladesh Rural Advancement Commitee (BRAC), an dem Chen beteiligt war, als „a combination of Aristotelian commitment to the human good with Aristotelian contextual sensitivity" bezeichnet haben. Vgl. Chen, Martha: A Matter of Survival. Women's Right to Employment in India and Bangladesh. In: Women, Culture, and Development. A Study of Human Capabilities, hrsg. v. Jonathan Glover u. Martha C. Nussbaum, Oxford: Clarendon Press 1995, S. 37–57, hier: S 40.

123 Nussbaum 2000, S. 16–24. Dieselbe Geschichte, die exemplarisch für viele anderen steht, wird erneut in „Creating Capabilities. The Human Development Approach" (2011) aufgegriffen.

ße Fixierung fundamentaler Rechte nicht garantiert. Das Argument betrifft nicht nur die Jurisprudenz, sondern richtet sich bei Nussbaum auch gegen die praktische Entwicklungspolitik, die das menschliche Wohlergehen gewöhnlich auf der Grundlage des Bruttoinlandsproduktes beurteilt. Die Lebensqualität kann nicht ausschließlich in ökonomischen Kategorien bewertet werden, denn nicht nur diese beeinflussen das Wohlergehen des Individuums. Es bedarf der Indikatoren, die mehr Lebensbereiche berücksichtigen. In Hinblick auf das Beispiel der indischen Frau, deren persönliche Entwicklung nicht durch ökonomische, sondern vielmehr durch kulturelle und strukturelle Faktoren beeinträchtigt war, übt Nussbaum Kritik daran, dass die Lebensqualität in den Entwicklungsländern nur mithilfe des Bruttoinlandsproduktes gemessen wird:

> „For a long time, economists, policy-makers, and bureaucrats who work on the problems of the world's poorer nations told people a story that distorted human experience (...). This crude measure [Gross Domestic Product] gave high marks to countries that contained alarming inequalities“[124].

Dass die Verbesserung der Lebensqualität von Frauen in nicht-westlichen Ländern gelingen kann, ist sowohl in theoretischer Hinsicht (da der Vorwurf des „Kulturimperialismus“ erhoben werden kann) als auch in praktischer Hinsicht (da verwurzelte kulturelle Praktiken nicht außer Acht gelassen werden können) zu bezweifeln. Besonders brisant zeigt sich dieses Spannungsverhältnis im Kontext der Frauenrechte im Islam, die in Nussbaums neueren Werken verstärkt thematisiert werden. Von weiten Teilen des westlichen Feminismus wird die Selbstbestimmung der Frau ungeachtet eines möglicherweise auf Freiwilligkeit basierenden und aufgeklärten Umgangs mit kulturell-religiösen Praktiken zum obersten Grundsatz erklärt, nach dem jegli-

124 Nussbaum 2011, ix.

che Werturteile vorzunehmen sind. Derweil können etwa von wohlmeinenden Frauenrechtlern geforderte Burkaverbote eine „schwere Belastung der Ausübung religiöser Freiheit“[125] bedeuten.

Nussbaums Analyse der islamischen Kleiderordnung veranschaulicht, auf welche gravierenden Probleme der Capabilities Approach im Kontext des Feminismus stößt. Der „weibliche“ Aspekt der Analyse von Lebensqualität, der ursprünglich vornehmlich durch Untersuchungen der Lebensumstände der Frauen in den Entwicklungsländern zur Geltung kam, erfährt in Folge der kritischen Betrachtung der in einigen westeuropäischen Ländern eingeführten Burka-Verbote nicht unerhebliche Korrekturen. Einerseits wird in Nussbaums neueren Schriften die These, dass tradierte Vorstellungen über „das gute Leben“ mit entscheiden sollen, auf überraschende Weise verteidigt, andererseits wird mehrfach schonungslos darauf hingewiesen, dass Frauenrechte in westlich geprägten Gesellschaften, in denen die feministischen Werte angeblich uneingeschränkt verinnerlicht worden sind, ebenfalls verletzt und untergraben werden. In diesem Zusammenhang verweist sie unter anderem auf den Umstand, dass die Schweiz erst 1971 das Stimmrecht für Frauen einführte.

Nussbaum zufolge sind Verbote von islamischer Kleidung oder Minaretten in Europa weiter verbreitet als in den USA, da die US-amerikanische Gesellschaft mit der Heterogenität grundsätzlich besser klarkomme. Das gehe zu einem großen Teil auf abweichende Vorstellungen zur Idee der Nation zurück.[126] In der Debatte um die Burka, die in den letzten Jahren insbesondere die Öffentlichkeit in Frankreich, Belgien und der Schweiz beschäftigt hat und von Nussbaum entsprechend referiert wird, vernimmt die Autorin fünf wesentliche Argumente der Befürworter von solchen Verboten: Sicherheit (1), Transparenz (2), Degradierung zum Objekt (3), Nötigung (4) und Gesundheit (5). Das Sicherheitsargument besagt, dass durch vollver-

125 Nussbaum, Martha C. (2014): Die neue religiöse Intoleranz. Ein Ausweg aus der Politik der Angst, Darmstadt: Wissenschaftliche Buchgesellschaft, S. 14.

126 A. a. O., S. 46.

schleierte Menschen im öffentlichen Raum ein Unbehagen bei der Bevölkerung entstehe, wodurch das Grundvertrauen in die zivilgesellschaftlichen Interaktionen schwinde. Die Vollverschleierung sorge für Distanz und Unsicherheit, was mit Werten der Aufklärung nicht vereinbar sei. Nussbaum führt dieses Argument gewissermaßen ad absurdum: sie schreibt wörtlich, als „schlaue Terroristin" würde sie eher eine Louis Vuitton-Tasche denn eine Burka tragen. Zudem seien Gesichtsbedeckungen, die berufsbedingt getragen werden, nicht mit fehlendem Sicherheitsgefühl assoziiert. So sei es etwa völlig normal, dass Ärzte oder Skifahrer ihr Gesicht komplett bedecken würden. Dass Transparenz (2) eine besondere Rolle spielen sollte, kann Nussbaum anhand zahlreicher Beispiele nicht erkennen, denn schließlich habe niemand etwas dagegen, wenn jemand eine Sonnenbrille trage. Aus eigener Erfahrung will Nussbaum bestätigt wissen, dass kein Transparenzproblem auftrete, wenn das Gesicht verschleiert werde: aufgrund Bauarbeiten mit viel Staubbildung sei sie selbst gezwungen gewesen, Interessenten in ihrem Büro mit bedecktem Kopf zu empfangen, was niemanden gestört habe. (3) Ferner argumentiert Nussbaum, die Vergegenständlichung der Frau sei nicht dem Tragen einer Burka geschuldet, sondern vielmehr auch in der westlichen Idealvorstellung von der emanzipierten Frau omnipräsent. Frauen würden vielfach zu einem Sexobjekt degradiert, was ein genauso gravierender Fall von Vergegenständlichung wie der Zwang zur Vollverschleierung darstelle:

> „Die Vorstellung, dass Feminismus durch das Tragen eines Bikinis definiert und dadurch die weniger enthüllende muslimische Kleidung bedroht wird, ist unglaublich absurd. Seit Jahrzehnten klagen Feministinnen zu Recht darüber, dass Frauen oft als bloße Sexobjekte behandelt werden, und die Vorstellung, dass das Tragen eines Bikinis eine feministische Entscheidung darstellt (und keine männliche Forderung), ist selbst zutiefst problematisch. Ein Burkini kann von schöner Form, modisch, bequem

und attraktiv sein. (…) Es ist lächerlich, dass französische Feministinnen es als Tugend reklamieren, ihr Leben [durch Sonnenbrand] zu riskieren – und das alles, um ihren Körper im Einklang mit männlichen Normen zum Objekt zu machen.[127]"

(4) Gewalt gegen Frauen ist kein exklusiv muslimisches Problem, Nussbaum weist darauf hin, dass zahlreiche Fälle von Gewalt gegen Frauen auf männlichen Alkoholkonsum zurückzuführen sind. Sie bezweifelt zudem, dass der soziale oder familiäre Druck, der auf junge Muslima ausgeübt wird, grundlegend anders sei als erzieherische Maßnahmen, die zahlreich und in unterschiedlicher Intensität in jeder Familie ergriffen würden.[128] Sie führt ein Beispiel mit einer Juraprofessorin an, die ihr Kind zum Klavierspielen zwang und sich dessen öffentlich rühmte. Wäre sie keine Angehörige der weißen Oberschicht, so das Argument, dann wäre sie einer Strafverfolgung wegen Kindesmissbrauchs ausgesetzt gewesen. Nussbaums Hauptvorwurf gegen Burka-Verbote liegt daher in der inkonsequenten Behandlung aller Fälle von Diskriminierung jenseits der Frage, ob sie in einem religiösen oder nicht religiösen entstehen.

(5) Auch das Gesundheitsargument weist Nussbaum mit Verweis auf die Verfehlungen des westlichen Feminismus ab. Hochhackige Schuhe, die für Viele ein lebendiges Symbol der Frauenemanzipation darstellen, würden Frauen in körperlicher Hinsicht mehr beeinträchtigen als das Tragen einer Burka. Historisch gilt der analoge Einwand für das obligatorische Tragen von Korsetts im 19. Jahrhun-

127 Nussbaum, Martha C. (2019): Königreich der Angst. Gedanken zur aktuellen politischen Krise, Darmstadt: Wissenschaftliche Buchgemeinschaft, S. 297–298.

128 „Wenn die Burka durch körperliche oder sexuelle Gewalt aufgezwungen wurde, muss das gesetzlich bestraft werden. Andererseits scheint das in die gleiche Kategorie zu fallen wie alles, was Eltern ihren Kindern aufbürden: sich „anständig" anzuziehen, auf die ‚richtige' Schule zu gehen, beste Abschlüsse zu machen, Geige zu spielen, nur Leute mit der „richtigen" Religion zu treffen, eine Spitzenuniversität zu besuchen". Nussbaum 2014, S. 109.

dert, das nachweislich erhebliche Gesundheitsrisiken mit sich brachte (was die westlichen Gesellschaften im Übrigen überwunden haben).

Bei ihrer Ablehnung der gesetzlichen Burka-Verbote greift Nussbaum auf zahlreiche Beispiele zurück, die in der Auswahl heterogen und zugespitzt erscheinen müssen. Beispiele von krudem Rassismus werden mit Konfliktsituationen vermischt, bei denen es um berechtigte Interessenabwägungen oder Bewahrung von kulturellen Selbstverständlichkeiten geht. Fälle von extremer Gewalt und Rassismus werden mit nicht eindeutig bewertbaren Sachverhalten in einem Atemzug genannt. Nussbaum referiert etwa über Kebap-Läden, die aufgrund rassistischer Vorurteile wegen Kakerlaken schließen mussten. Sie befasst sich mit den abscheulichen Taten des Anders Breivik und mit entwürdigenden Sicherheitskontrollen an Flughäfen, die religiöse Menschen, die Turbane oder Burkas tragen, über sich ergehen lassen müssen. Dass eine absichtliche Missachtung der Dresscodes in Unternehmen eine nicht weiter zu erörternde Diskriminierung zu werten sei, erscheint nur bedingt plausibel. Nussbaum erzählt etwa von einer Disneyland-Angestellten aus Marokko, die ihre muslimische Kopfbedeckung nicht abnehmen wollte und daher entlassen wurde. Man hätte von ihr (wie, ohne jede Unterscheidung, von allen anderen Angestellten auch) erwartet, dass sie sich anpasse und einen „Disney-Look" an den Tag lege. Der berechtigte Wunsch des Arbeitgebers wird als eine ohne Wenn und Aber diskriminierende Schikane dargestellt. Als „Autorität" in der Frage der Bekleidung wird von Nussbaum der Modeschöpfer Armani zitiert, der die Toleranz gegenüber der islamischen Vollverschleierung als „eine Frage des Respekts vor den Überzeugungen und der Kultur der anderen" sieht. Auch Nussbaums Verständnis der islamischen Religion als solches erscheint an einigen Stellen fragwürdig, wenn sie behauptet, dass Minarette „lediglich symbolische Bedeutung" hätten. Zudem erstaunt den Leser vor dem Hintergrund des Capabilities Approach die Nussbaumsche These, dass Indonesien und Indien, die beiden Länder mit dem größten Anteil an muslimischen Bevölkerungsgruppen in der Welt, „blühende

Demokratien" seien, obwohl es allgemein bekannt ist, dass religiöse Konflikte in diesen Ländern nach wie vor an der Tagesordnung sind.

Immerhin weist Nussbaum in Übereinstimmung mit dem in den 1990er Jahren ausformulierten Fähigkeiten-Ansatz darauf hin, dass es tendenziell weniger Verbote als freiheitlicher Räume bedarf: „Wir kritisieren [die Burka] (...) und doch lehnen wir ein gesetzliches Verbot ab. Die Grundsätze, für die ich angetreten bin, besagen, dass Respekt für Menschen entsprechender Freiheitsbedingungen bedarf"[129]. Der wichtige Aspekt der adaptiven Präferenzen, wonach der Erwartungshorizont in Bezug auf das gute Leben stets von Erziehung und Adaptation bzw. Anpassung an das gegebene Lebensumfeld abhängt, findet allerdings kaum Beachtung. Nussbaums Diktum, „wir sollten auf das hören, was die Frauen, die eine Burka tragen, sagen, was sie darüber denken, ehe wir unsere eigene Meinung äußern[130]" erscheint im Lichte der adaptiven Präferenzen problematisch. Denn es liegt der Verdacht nahe, dass bei vielen Frauen, von denen das Tragen der Burka in familiären oder gesellschaftlichen Zusammenhängen erwartet wird, ein Autonomiedefizit vorliegen kann.[131] Auf der anderen Seite heißt es ganz im Sinne des Capabilities Approach weiter: „Gesellschaften haben das Recht darauf zu bestehen, dass alle weiblichen Kinder eine geeignete Erziehung und Beschäftigungsmöglichkeiten erhalten, die ihren Fluchtmöglichkeiten aus den häuslichen Situationen eröffnen, die sie ablehnen. Wenn die Menschen glauben, Frauen trügen die Burka nur durch Zwang, sollen sie ihnen genügend Möglichkeiten verschaffen und dann schauen, was die Frauen tatsächlich machen"[132]. Es bleibt abzuwarten, inwiefern sich derlei Dis-

129 A. a. O., S. 103.

130 A. a. O., S. 103.

131 Eine vertiefende Analyse dieses Zusammenhangs findet sich in unter anderem in: Fateh-Moghadam, Bijan: Religiös-weltanschauliche Neutralität und Geschlechterordnung: Strafrechtliche Burka-Verbote zwischen Paternalismus und Moralismus. Das Problem der adaptiven Präferenzen wird auch im Kontext der Kritik am Utilitarismus in Kapitel 6.1 dieser Einführung geschildert.

132 Nussbaum 2014, S. 111.

krepanzen in der Rezeption des Gesamtwerks von Nussbaum niederschlagen werden.

Nussbaum schöpfte ihren Optimismus bezüglich der fortschreitenden Verbesserung der Lebenssituation der Frauen stets aus der praktischen Umsetzung der Idee des aristotelischen Essentialismus. Wie sie diese Idee begründet, ist Gegenstand des nächsten Kapitels.

3 Die „starke vage Theorie des Guten" von Martha C. Nussbaum

Das zentrale Element von Nussbaums Capabilities Approach ist die Auflistung der wichtigsten Grundfähigkeiten. Diese Auflistung bezeichnet Nussbaum als die „starke vage Theorie des Guten" (engl. „thick vague theory of the good"), um den ethisch-evaluativen Charakter des Unterfangens zu betonen und den Kontrast zu John Rawls zu betonen, der sich in seiner „schwachen Theorie des Guten" auf die Ausarbeitung der „Grundstruktur" der Gesellschaft beschränkt.133 Anders als Rawls ist Nussbaum keine Kontraktualistin, ganz im Gegenteil: Sie wendet sich entschieden gegen die Tradition der Vertragstheorie und weist vielfach auf ihre Schwächen hin.

Nussbaums Erklärungsversuch der menschlichen Lebensform ist „stark", weil er mit dem aristotelischen Essentialismus operiert und konstitutive Merkmale des Menschseins zu ermitteln sucht. Auf der anderen Seite ist die Konzeption vage bzw. offen, weil die Liste der Grundfähigkeiten modifizierbar und an die jeweiligen Umstände anpassbar ist. Nussbaums Capabilities Approach will dadurch kulturelle und historische Unterschiede, die zwischen Gesellschaften bestehen, ernst nehmen und eine Spezifizierung in verschiedenen sozialen Kontexten ermöglichen. Im Hinblick auf den Universalitätsanspruch

133 „Die Theorie des Guten, die zur Begründung der Gerechtigkeitsgrundsätze herangezogen wird, [beschränkt sich] auf das Allernotwendigste. Diese Analyse des Guten nenne ich die schwache Theorie". Rawls, John (1993): Eine Theorie der Gerechtigkeit, 7. Auflage, Frankfurt am Main: Suhrkamp, S. 434.

der Menschenrechte will Nussbaums starke Theorie des Guten „so allgemein wie möglich und ihrer leitenden Intuition nach so ausgerichtet sein, daß sie religiöse und kulturelle Spaltungen überbrückt“[134]. Die Herangehensweise, die sowohl den Universalismusanspruch ernst nimmt, als auch die örtliche Spezifizierung möglich macht, lässt Nussbaums Capabilities Approach als einen Versuch erscheinen, die Vorzüge relativistischer Positionen mit der universalen Geltung der Menschenrechte zu vereinen. Ihre Hoffnung bezüglich eines konsensfähigen Menschenrechtskataloges will sie darin begründet sehen, dass sich trotz aller Unterschiede Menschen gegenseitig als Menschen anerkennen und auch hinsichtlich der Vorstellung von Eigenschaften, deren Fehlen das Ende der menschlichen Lebensform bedeutet, weitgehend Übereinstimmung herrscht (Nussbaum nennt Medizin und Mythologie als Beispiele). Der transkulturelle Austausch ist ein weiterer begünstigender Faktor, der dabei behilflich sein kann, eine Theorie der Menschenrechte zu erarbeiten, die „keine bloße Projektion unserer eigenen Gebräuche, sondern in einem umfassenden Sinne international ist“[135].

Bei der Betonung des Potenzials gegenseitiger Anerkennung unter den Menschen bezieht sich Nussbaum auf die Rawlssche Idee vom übergreifenden Konsens:

> „The political is a place of ‚overlapping consensus,‘ meaning that people who otherwise differ (both religious and secular) can agree in affirming the political principles and the argument for them. They could not arrive at such a consensus if the argument presupposed one particular comprehensive doctrine. (Such ideas were around before Rawls: the framers of the Universal Declaration of Human Rights also saw the list of rights as a political doctrine that people from different parts of the world and

134 Nussbaum, Menschliches Tun und soziale Gerechtigkeit, a. a. O. 1993, S. 333.
135 A. a. O., S. 334.

different backgrounds could all affirm, while differing on many other things)".[136]

Nussbaum sagt ausdrücklich, dass ihr Fähigkeitenkatalog als eine Variante des Rawlsschen Begriffes zu verstehen ist. Individuen können sich demnach auf den moralischen Kern einigen, ohne dabei ihre partikulare metaphysische Sicht oder umfassende ethische oder religiöse Auffassung durchsetzen zu müssen. Der *overlapping consensus* wird durch die gemeinsame menschliche Lebensform gestiftet. Von den Grunderfahrungen, die alle Menschen teilen, wird im weiteren Schritt der konsensfähige Katalog der Grundfähigkeiten abgeleitet.

In ihrem viel beachteten Essay *Aristotelian Social Democracy* aus dem Jahr 1990 hat Nussbaum zum ersten Mal eine Liste von zehn Grundfähigkeiten mit Anspruch auf universale Geltung vorgeschlagen.[137] Diese verstehen sich als Fähigkeiten von zentraler Bedeutung, über die alle Menschen, um angemessen leben zu können, verfügen müssen. Angesichts der Tatsache, dass Nussbaum den Capabili-

136 Nussbaum, Martha C.: The Capabilities Approach and Ethical Cosmopolitanism. A Response to Noah Feldman. The Yale Law Journal 123 (2007), S. 123–129, hier: S. 124. Es lassen sich zudem Ähnlichkeiten zum deliberativen Ansatz von Habermas festtellen: „Unabhängig vom kulturellen Hintergrund wissen nämlich alle Beteiligten intuitiv recht gut, daß ein auf Überzeugung beruhender Konsens nicht zustande kommen kann, solange nicht symmetrische Beziehungen zwischen den Kommunikationsteilnehmern bestehen – Beziehungen der gegenseitigen Anerkennung, der wechselseitigen Perspektivenübernahme, der gemeinsam unterstellten Bereitschaft, die eigenen Traditionen auch mit den Augen eines Fremden zu betrachten, voneinander zu lernen usw." Habermas, Jürgen (1998): Die postnationale Konstellation, Frankfurt am Main: Suhrkamp Verlag, S. 191–192.

137 Nussbaum, Martha C.: Aristotelian Social Democracy, in: Liberalism and the Good, hrsg. v. R. B. Douglas [u.a.], New York: Routledge 1990, S. 203–252. Im Folgenden wird aus der deutschen Übersetzung von Ilse Utz zitiert in: Nussbaum, Martha C. (1999): Der aristotelische Sozialdemokratismus. In: Dies.: Gerechtigkeit oder das gute Leben, Frankfurt am Main: Suhrkamp, S. 24–85. Ferner wird bei der Erörterung anthropologischer Annahmen und der Capabilities-Liste Nussbaums Essay „Human Functioning and Social Justice. In Defense of Aristotelian Essentialism", in: Political Theory 20 (1992), S. 202–246, herangezogen.

ties Approach über einen Zeitraum von 30 Jahren konkretisiert und um neue Aspekte weiterentwickelt hat, ist die Tatsache, dass die Liste der zehn Grundfähigkeiten in ihrem Kern unverändert geblieben ist, bezeichnend.[138] Dies ist möglicherweise dem Umstand geschuldet, dass Nussbaum ihren Fähigkeitenkatalog von Anfang an lediglich als einen Vorschlag betrachtete und meinte, dass seine Länge und Inhalt grundsätzlich modifizierbar sind. Sie will implizit den Vorwurf eines „Werteimperialismus“ vermeiden, indem sie die Offenheit ihrer Konzeption gleichsam programmatisch betont: „Wir wollen nämlich die Möglichkeit einräumen, daß wir von anderen Gesellschaften lernen können, Dinge über uns selbst zu erkennen, die wir vorher nicht gesehen haben“[139].

Die Notwendigkeit, eine Liste von Grundfähigkeiten zu konzipieren und diese ähnlich wie die Menschenrechte mit dem Anspruch universaler Geltung zu postulieren, begründet Nussbaum mit Beispielen anti-essentialistischer Gespräche, denen sie als Forschungsberaterin bei den Vereinten Nationen beiwohnte, und die ihr Denken nachhaltig prägten. Nussbaum hält überzeugend dafür, dass der in der akademischen Philosophie populär gewordene Relativismus140 oft in einen falschen Traditionalismus entartet:

> „Der örtlich-traditionsgebundene Relativismus und Kommunitarismus […] behauptet, sich kraft seiner Aufmerksamkeit für

138 Die Formulierungen in Frontiers of Justice (2006) und Creating Capabilities (2011) weichen im Detail nur in den zwei letzten Punkten der Capabilities-Liste, die Nussbaum 1990 verwendet hat. Auch die Fassung der zentralen menschlichen Fähigkeiten in der neuesten Publikation aus dem Jahr 2020 enthält keine Überarbeitungen, sehr wohl jedoch einige Präzisierungen in Form von Kurzkommentaren. Nussbaum, 2020, S. 309.

139 Nussbaum, Menschliches Tun und soziale Gerechtigkeit, a. a. O. 1993, S. 334.

140 Nussbaum nennt in diesem Zusammenhang Stanley Fish, Jacques Derrida und Barbara Herrnstein Smith. Die drei Autoren stehen für drei unterschiedliche Formen des Relativismus ethischer Bewertung, welche die größte Gefahr für den Universalismus darstellten: Bewertung als Machtfrage, Bewertung im Rahmen eines Spiels/willkürlicher Selbstbehauptung (Derridas „Play of Difference“), Bewertung als reine Nutzenmaximierung.

> das Gewebe des Alltagslebens in traditionellen Gesellschaften von den vorherrschenden wirtschaftsutilitaristischen Ansichten zu unterscheiden. Im Grunde hat er jedoch viele Mängel mit der utilitaristischen Ansicht gemeinsam. Er lehnt es nämlich ab, die subjektiven Präferenzen, wie sie in traditionalen Gesellschaften gebildet werden, irgendeiner kritischen Überprüfung zu unterziehen. Offensichtlich scheint er anzunehmen, alle Kritik müsse zwangsläufig eine Form von Imperialismus sein“.[141]

Mit Verweis auf Beispiele aus dem realen Leben will Nussbaum zeigen, dass zeitgenössische Angriffe gegen den Essentialismus nicht nur für den akademischen Meinungsaustausch relevant sind, sondern Implikationen für die praktische Menschenrechts- und Entwicklungspolitik haben. Zum Beispiel ist nach Nussbaum die Toleranz der Kulturrelativisten für das Menstruationstabu, das in manchen ländlichen Gebieten Indiens die freie Berufsausübung der Frauen einschränkt, nichts anderes als ein verachtenswerter Versuch, Unterdrückung und Erniedrigung der Frauen zu rechtfertigen.

Nussbaum erkennt, dass es berechtigte Einwände gegen ihre Position gibt, glaubt aber, dass die Verdrängung des Essentialismus aus dem globalen Menschenrechtsdiskurs zum Verschwinden zweier moralischer Empfindungen führt, die für das Zusammenleben von Menschen absolut notwendig sind, nämlich **Mitleid und Achtung**. Die beiden moralischen Gefühle stehen im engen Zusammenhang mit Nussbaums Anthropologie und bilden gleichsam das Hauptmotiv für die gegenseitige Anerkennung unter den Menschen. Das wichtigste Wesensmerkmal, das Mitleid konstituiert, ist Nussbaum zufolge die Verletzlichkeit und Möglichkeit des Leidens. Durch Mitleid wird die Kultivierung einer gemeinsamen Menschlichkeit erst möglich. Die intensive Beschäftigung mit dem Themenkomplex der Emotionen lässt Nussbaum als eine Vertreterin der Gefühlsethik erscheinen. In

141 Vgl. Nussbaum, Menschliches Tun und soziale Gerechtigkeit, a. a. O. 1993, S. 348.

ihren Werken *Therapy of Desire* (1994)[142] und *Upheavals of Thought* (2001)[143] wendet sie sich gegen Kant und behauptet, dass Empfindungen eine wichtige evaluative Rolle bei moralischen Urteilen spielen.[144] Nussbaum kritisiert die rationalistische Tradition, die die Emotionalität des Menschen aus der Moralphilosophie verbannte, denn der Intellekt ohne Emotionen sei wertblind, „ihm fehlt der Sinn für die Bedeutung und den Wert von Menschen, der in den Gefühlen innewohnenden Urteilen enthalten ist“[145]. Gefühlen kommt eine wichtige Rolle zu, da durch ihre Vermittlung die Bedürftigkeit und Abhängigkeit der Menschen voneinander zum Ausdruck gebracht werden können. Sie sind allen Menschen gemeinsam und somit universal, auch wenn die Ausdrucksformen von Kultur zu Kultur unterschiedlich sein mögen:

> „Die Regeln der Gefühlsäußerung und des emotionalen Verhaltens variieren. Jede Gesellschaft lehrt Regeln der angemessenen Äußerung von Gefühlen wie Kummer, Liebe und Zorn. Das öffentliche Wehklagen, Kleiderzerreißen und Haareraufen, das den alten Griechen bei der Trauer um verstorbene Angehörigen normal erschien, würde im heutigen England etwa einen gesellschaftlichen Skandal auslösen“.[146]

Der anthropologische Ansatz, der die Grundlage für Nussbaums politische Konzeption des guten Lebens bildet, legt insofern eine gewis-

142 Nussbaum, Martha C. (2009): Therapy of Desire. Theory and Practice in Hellenistic Ethics. 3. Auflage, Princeton University Press.

143 Nussbaum, Martha C. (2003): Upheavals of Thought. The Intelligence of Emotions. 3. Auflage, Cambridge University Press.

144 In einer weiteren Monographie unternimmt Nussbaum den Versuch, die Rolle und Bedeutung der Gefühle für das politische Leben demokratischer Staaten zu beleuchten. Nussbaum, Martha C. (2013): Political Emotions. Why Love Matters for Justice, Harvard University Press.

145 Nussbaum, Martha C.: Gefühle und Fähigkeiten von Frauen. In: Dies: Gerechtigkeit oder das gute Leben, Frankfurt/Main: Suhrkamp 1999, S. 137–175, hier: 157.

146 Nussbaum 2002, S. 177.

se Ähnlichkeit mit ethischen Theorien nahe, die in der besonderen emotionalen Naturanlage des Menschen gründen. Demnach können das praktische Miteinander und das theoretische Konzept der Menschenrechte nur durch Empfindungen von Sympathie, Mitleid und Solidarität verbürgt sein. In dieser Hinsicht kann Nussbaum in der Tradition von Jean-Jacques Rousseau, Adam Smith und David Hume verortet werden – Autoren, die sie mehrfach selbst zitiert.

Nussbaums Verteidigung des Essentialismus stützt sich aber auch auf die Einsicht, dass der Relativismus durch die Infragestellung der Existenz elementarer menschlicher Bedürfnisse und Tätigkeiten, die in Form von Menschenrechtspostulaten einen Anspruch auf universale Geltung erheben können, viel zu viel über Bord wirft. Die Kritik am Essentialismus sieht Nussbaum im Zusammenhang mit Angriffen gegen den **metaphysischen Realismus** in der Erkenntnistheorie, wie etwa von Seiten der Sprachphilosophie. Die Verwerfung der Idee, dass es eine von der menschlichen Erfahrungswelt unabhängige Struktur der Wirklichkeit gibt, hat für die Anthropologie zur Folge, dass keine eindeutige Bestimmung des Menschen „von außen“ mehr möglich ist. Für die Ethik ist die Ablehnung des metaphysischen Realismus problematisch, weil dies tendenziell zur Beliebigkeit ethischer Werturteile führt und die Position des Werterelativismus mit all den negativen Konsequenzen für die globale Menschenrechtspolitik stärkt. Nussbaum argumentiert, dass der essentialistische Ansatz selbst dann vertretbar ist, wenn die Argumente der Anti-Realisten berücksichtigt werden. Denn die Verneinung der Existenz einer objektiven Wahrheit bedeutet nicht, dass alles beliebig und erlaubt ist. Mit anderen Worten schließt das Fehlen einer transzendentalen Grundlage für evaluative Aussagen die Notwendigkeit wohl überlegter Praxis des Analysierens und Schließens nicht aus. Nussbaum will einen Essentialismus verteidigen, der „nicht auf der Wahrheit des externen Realismus beruht“[147]. Bei der Formulierung der epistemischen Grundla-

147 Vgl. Nussbaum, Menschliches Tun und soziale Gerechtigkeit, a. a. O. 1993, S. 329.

ge für ihre Theorie bezieht sie sich unter anderem auf die Konzeption des internen bzw. internalistischen Realismus von Hillary Putnam.148 Der Grundgedanke dieser Position besteht darin, dass die Untersuchung des menschlichen Erkennens von innen heraus immerhin eine mehr oder minder determinierte Auffassung vom Menschen aufzeigen kann. Ein „God's eye point of view“ ist für die Bestimmung des Menschen nicht erforderlich. Putnam sagt hierzu:

> „It is not that I do know how I know that, for example, human dignity and freedom of speech are better than the alternatives, except in the sense of being able to offer the sorts of arguments that ordinary non-metaphysical people with liberal convictions can and do offer. If I am asked to explain how ethical knowledge is possible at all in ‚absolute' terms, I have no answer. But there are all sorts of cases in which I have to say, ‚I know this, but I don't know how I know it.' Certainly physics doesn't tell me how I know anything“[149].

Nussbaum behauptet in diesem Zusammenhang, dass nicht alle menschlichen Eigenschaften oder Fähigkeiten akzidentiell sind. Zum Beispiel kann bei Fehlen der Fähigkeit zu entscheiden und zu handeln nicht vom menschlichen Leben im eigentlichen Sinne gesprochen werden.[150] Nussbaum zufolge gibt es Grundfunktionen und Tätigkeits-

148 Nussbaum geht auch auf Nelson Goodman und Donald Davidson ein, die „in überzeugender Weise gezeigt [haben], daß selbst dort, wo es um eine Sinneswahrnehmung geht, das menschliche Bewußtsein aktiv und interpretativ vorgeht und daß seine Interpretationen eine Funktion seiner Geschichte, seiner Begriffe und seiner internen Struktur sind“. Nussbaum, Martha C.: Nicht-relative Tugenden. Ein aristotelischer Ansatz. In: Dies., Gerechtigkeit oder das gute Leben, Frankfurt/Main: Suhrkamp 1999, S. 227–264, hier: S. 253.

149 Putnam, Hilary: Objectivity and the Science-Ethics Distinction. In: Nussbaum, Martha C./Amartya Sen (Hrsg.): The Quality of Life. A Study for the World Institute for Development Economics Research (WIDER) of the United Nations University. Oxford: Clarendon Press, S. 143–164, hier: S. 154.

150 Was natürlich kontroverse Fragen zur Abtreibung und Euthanasie provoziert. Zu diesem Punkt vgl. die Einwände in Kapitel 6.3.

weisen, die für das Menschsein **konstitutiv** sind. Denn, wie sie sagt, „es mag unterschiedliche Vorstellungen von echtem Mut geben, aber die Todesfurcht wird von allen menschlichen Wesen geteilt. Es mag verschiedene Vorstellungen von Mäßigung geben, aber die Erfahrungen von Hunger, Durst und sexuellem Verlangen sind (so der Aristoteliker) invariant“[151].

3.1 Anthropologische Annahmen

Bei der Bestimmung der menschlichen Wesensmerkmale beginnt Nussbaum mit einer Bemerkung über die Offensichtlichkeit menschlicher **Sterblichkeit**, die kulturinvariant ist und „mehr oder weniger jedes andere Element des menschlichen Lebens [überformt]“[152]. Sie betont, dass alle Menschen eine Abneigung gegenüber dem Tod haben, und dass er – von außergewöhnlichen Situationen abgesehen – Anlass zu Kummer und Angst gibt. Sie argumentiert, dass ein unsterbliches anthropomorphisches Wesen bzw. ein Wesen, das den eigenen Tod nicht zu vermeiden sucht, niemals als menschlich gedacht werden könne.[153]

Die Benennung körperlicher Wesensmerkmale geht auf Nussbaums Grundannahme zurück, der zufolge Menschen Teil der Natur sind. Nussbaum betont unter Rekurs auf Aristoteles und Marx die Ani-

151 Nussbaum, Nicht-relative Tugenden. Ein aristotelischer Ansatz, a.a.O. 1999, S. 241.

152 Nussbaum, Menschliches Tun und soziale Gerechtigkeit, a.a.O. 1993, S. 334 f.

153 Ähnlich Angelika Krebs: „Wenn wir auf Wesen träfen, die Hunger nicht kennen, deren Körper zum Beispiel keinen Verdauungstrakt aufweist, deren Leben nicht um Mahlzeiten herum organisiert ist, hätten wir, wenn sie uns Menschen sonst in einigen Dingen ähnelten, lediglich Anlaß, sie als uns verwandte Wesen zu bezeichnen, aber nicht als ‚Menschen‘“. Krebs, Angelika: Werden Menschen schwanger? Das „gute menschliche Leben“ und die Geschlechterdifferenz. In: Holmer Steinfath (Hrsg.): Was ist ein gutes Leben? Philosophische Reflexionen, S. 235–247, hier: S. 237.

malität des Menschen[154] und sieht lediglich in der **Rationalität und Vergesellschaftung** Abgrenzungspunkte zu anderen Tieren.[155] Bei der Definierung des Bezugs zu anderen Spezies bemerkt sie, dass Menschen in der Lage sind zu erkennen, dass sie von einer komplexen Umwelt abhängig sind, die es zu achten gilt. Allerdings konstatiert sie, dass der Fähigkeitenansatz „radikal“ von der antiken Tradition abweichen müsse, da diese unerbittlich anthropozentrisch sei. Diese Einschränkung wird aus Rücksicht auf Menschen mit schweren kognitiven Behinderungen gemacht, denen die gleiche Menschenwürde zuzugestehen ist. Vor allem aber dient diese These Nussbaum als ein Hinweis darauf, dass sie nicht-menschliche Wesen in ihrer Theorie mit berücksichtigen will. Dies geht sogar so weit, dass sie bereit ist zu behaupten, dass nichtmenschliche Tiere eine „intrinsische Bedeutung als Zwecke“ haben.[156]

Allen Menschen ist das Schicksal des In-Körper-Seins gemeinsam, was ihre Existenz auf vielfältige Weise einschränkt und der Kontingenz des Leids aussetzt. Die **Körpererfahrung** ist eine anthropologische Konstante und begründet Nussbaum zufolge in hohem Grad die wechselseitige Anerkennung der Menschen untereinander. Vor dem Hintergrund der kulturell invarianten körperlichen Bedürfnisse erhält die Einsicht, dass jeder Mensch überall leben und jeder Kultur hätte angehören können, eine universale Dimension. Zu den Wesensmerkmalen gehören Hunger und Durst, Bedürfnis nach Behausung (Nussbaum bemerkt, dass sich Menschen vor Umwelteinflüssen wie Kälte, Wind, Regen und Hitze schützen müssen), sexuelles Bedürfnis und Begehren sowie die Fähigkeit sich zu bewegen. Alle Menschen

154 „[Die Menschen sind] Tiere neben anderen Tieren und auch neben Pflanzen (…)“, Nussbaum, Menschliches Tun und soziale Gerechtigkeit, a. a. O. 1993, S. 336.

155 „Truly human functioning is animal through and through, and what makes for the specifically human dignity of this functioning is the combination of practical reasoning and sociability that infuse it“. Nussbaum, Martha C.: Capabilities and Disabilities. Justice for Mentally Disabled Citizens. In: Philosophical Topics 30 (2002), Bd. 2, S. 133–165, hier: S. 158.

156 Nussbaum 2020, S. 300.

besitzen außerdem unabhängig von der Kultur, in der sie leben, die Fähigkeit zur Lust und verspüren eine Abneigung gegen Schmerz.

Weitere Wesensmerkmale beziehen sich auf die kognitiven und sozialen Aspekte des Menschseins. Nussbaum sieht die **Fähigkeiten des Wahrnehmens, Vorstellens und Denkens** als festen Bestandteil der menschlichen Lebensform und bemerkt, dass alle Menschen Gebrauch von der praktischen Vernunft machen, indem sie Bewertungen im Hinblick auf die Planung und Führung ihres Lebens vornehmen bzw. dies zu tun versuchen. Die Bedeutsamkeit der Sozialität zeigt sich bereits bei der frühkindlichen Entwicklung, die eine „gemeinsame Struktur des Lebensanfangs"[157] nahelegt, denn alle Menschen fangen ihre Existenz als hilflose und von der Umgebung vollkommen abhängige Säuglinge an:

> „Säuglinge werden zwar von Anfang an nach den Regeln der jeweiligen Kultur behandelt, aber dennoch weisen sie viele Eigenschaften auf – Hunger und Bedürftigkeit, die Formen der langfristigen Entwicklung ihrer kognitiven Fähigkeiten, die Gestalt ihres Körpers sowie die Art und Weise, in der ihr Körper Nahrungsmittel verarbeitet –, die als solche keine kulturgebundenen Konstrukte sind, und dadurch wird dem Gefühlserleben ein gemeinsames Terrain und eine gemeinsame Geographie gegeben"[158].

Die soziale Bindung zwischen Kind und Eltern bleibt bis zu gewissem Grad im Erwachsenenalter bestehen, denn Menschen empfinden ein Gefühl wechselseitiger Zugehörigkeit und nehmen als Mitglieder der Gesellschaft an interpersonalen Beziehungen teil. Die Affiliation mit Anderen schließt jedoch nicht aus, dass Individuen unabhängig von der Kultur, in der sie leben, eigene Lebenswege verfolgen, denn „[s]elbst die intensivsten Formen menschlicher Interaktion sind Erfahrungen des wechselseitigen Reagierens oder Antwortens und nicht der

157 Nussbaum, Menschliches Tun und soziale Gerechtigkeit, a. a. O. 1993, S. 336.

158 Nussbaum 2002, S. 176.

Verschmelzung"[159]. Durch die Betonung der **Vereinzelung** menschlicher Personen will Nussbaum den Vorwurf, ihr Essentialismus sei anti-individualistisch, zurückweisen. Vielmehr ist ihrer Ansicht nach jede menschliche Existenz in einem bestimmten Kontext angesiedelt, der für die Person identitätsstiftend ist. Aufenthaltsorte, Freundschaften, sexuelle Bindungen oder Habseligkeiten gehören zum subjektiven Erleben der Realität und sind im strengen Sinne nicht gemeinsam.

Zu den menschlichen Grundmerkmalen zählt Nussbaum ferner die **Fähigkeit zu Humor und Spiel**, die sie als einen wichtigen Aspekt gegenseitiger Anerkennung der Menschen als Menschen bezeichnet. Menschliche Wesen sind zum Lachen fähige Wesen und eine Gesellschaft, in der diese Fähigkeit nicht vorhanden wäre, müsste zwangsläufig seltsam und furchterregend erscheinen. Außerdem bedürfen Menschen der Erholung, um ihre Körper zu regenerieren.

Die anthropologische Fundierung der Ethik in der Theorie der menschlichen Entwicklung kann zu der Annahme führen, dass der Capabilities Approach auf einer Metaphysik menschlicher Natur fuße. Obgleich der Capabilities Approach unverkennbar auf anthropologischen Grundannahmen fußt und die menschlichen Grundfunktionen in den Mittelpunkt stellt, wehrt sich Nussbaum gegen die Auffassung, sie würde eine Theorie der menschlichen Natur entwickeln und aus ihr Normen ableiten wollen. Eine philosophische Betrachtung von einer angeborenen menschlichen Natur kann ihrer Meinung nach nur bestimmte Merkmale und Möglichkeiten des Menschseins aufzeigen. Das bedeutet, dass die Anthropologie lediglich deskriptiv darüber spekulieren kann, was das Wesen des Menschen sei, Nussbaum kommt es allerdings darauf an zu zeigen, welche Fähigkeiten im Hinblick auf individuelle Lebensgestaltung und die Ausrichtung der Politik als wertvoll und wichtig erachtet werden müssen. Dies bedeutet, dass ihr Fähigkeiten-Ansatz von Beginn an einen evaluativen und ethischen Charakter aufweist.

159 Nussbaum, Menschliches Tun und soziale Gerechtigkeit, a. a. O. 1993, S. 337.

Aus diesem Grund distanziert sich Nussbaum von der Auffassung, ihr Ansatz würde in metaphysischen Annahmen begründet liegen.[160] Die Grundlagen des Capabilities Approach liegen vielmehr in der klassischen griechischen Konzeption der Glückseligkeit, die zwar mit einer bestimmten Betrachtung des Menschen operiert, nicht aber auf einer dogmatischen Lehre vom Menschen fußt. Nussbaums Konzeption des guten Lebens beruht, wie Jörke zutreffend bemerkt, „keineswegs auf einer „metaphysischen Biologie" (…), sondern auf gemeinsamen Mythen und Geschichten unterschiedlicher Zeiten und Orte, Geschichten, die sowohl den Freunden als auch den Fremden erklären, was es bedeutet, ein Mensch und nicht etwas anderes zu sein. Diese Konzeption ist das Ergebnis eines Prozesses der Selbstinterpretation und Selbstvergewisserung, der sich mehr auf die von solchen Geschichten hervorgebrachten Phantasie stützt als auf wissenschaftliche Vernunft"[161].

Vor diesem Hintergrund gibt es in der Forschungsliteratur Versuche, Nussbaums Konzeption nicht essentialistisch, sondern vielmehr hermeneutisch zu verstehen. Dieser Lesart zufolge würde Nussbaum die Menschenrechte nicht aus der Bedürftigkeit des Menschen, die seiner animalischen Natur entspringt, ableiten, sondern diese als eine Konsequenz narrativer Selbstdeutung interpretieren. Die Begründung der Menschenrechte wäre dann an ein Verständnis gemeinsamer Menschlichkeit gebunden, das als ein dialogischer und kooperativer Prozess aufgefasst würde. Andrea Maihofer meint beispielsweise: „Aus Befragungen unserer selbst, aus empirischen Daten sowie aus traditionellen Geschichten und Mythen lässt sich nach ihr [nach Nussbaum –

160 „Like the Universal Declaration of Human Rights, the Capabilities Approach seeks an agreement for practical political purposes and deliberately avoids comment on the deep divisive issues about God, the soul, the limits of human knowledge, and so on, that divide people along lines of doctrine", Nussbaum 2011, S. 109.

161 Jörke 2005, S. 93. Ähnlich Crocker: „The list is not a value-neutral report from a biologist or externalist metaphysician; it is already evaluative in a most general way". Crocker, Functioning and Capability, a. a. O. 1995, S. 153–198, hier: S. 172.

Anm. d. Verf.] ein kulturübergreifendes Wissen über die Natur des Menschen gewinnen"[162].

Die meisten Kommentatoren verteidigen diese Interpretation. Sturma bemerkt, dass Nussbaums essentialistischer Neoaristotelismus im Unterschied zum politischen Liberalismus und ökonomischen Positivismus „nicht bei einem fixierten Menschenbild [ansetzt], sondern mit einer komplexen und komplizierten Auffächerung der menschlichen Natur [operiert]"[163]. Jonathan Glover weist darauf hin, dass Nussbaums Capabilities Approach einen kulturübergreifenden Dialog möglich macht: „[…] certain moral values, including some recognizable version of justice, are to be found in the part of our common humanity that crosses cultural boundaries. This may not guarantee ‚objectivity', but it is enough to get a dialogue going"[164]. Diese Auffassung wird in der neueren Literatur zum Capabilities Approach geteilt: Romero erkennt beispielsweise eine „anthropologisch konnotierte" Lesart des Capabilities Approach und beschreibt Nussbaums Methodik als anthropologisch und hermeneutisch. Eine narrativ-hermeneutische Lesart des Capabilities Approach ist ebenfalls bei Winkler zu finden. Müller spricht wörtlich von einer „reichhaltigen, durch interkulturelle Studien eruierten Anthropologie".[165]

162 Maihofer, Andrea: Martha C. Nussbaum. Gerechtigkeit und das gute Leben. In: Soziologische Revue 23 (2000), S. 83.

163 Sturma, Universalismus und Neuaristotelismus, a. a. O. 2000, S. 282.

164 Glover, Jonathan: The Research Programme of Development Ethics. In: Glover, Jonathan/Martha C. Nussbaum (Hrsg.): Women, Culture, and Development. A Study of Human Capabilities. Oxford: Clarendon Press 1995, S. 116–139, hier: S. 139.

165 Romero, Julian Molina (2016): Die politische Philosophie von Amartya Sen. Soziale Gerechtigkeit und globale Entwicklung auf Grundlage des Capability Approach, Münster: Mentis-Verlag, S. 18 u. 226. Müller, Jörn: Menschenwürde als Fundament der Menschenrechte: Eine begründungstheoretische Skizze. In: Die großen Kontroversen der Rechtsphilosophie, hrsg. v. Bernward Gesang u. Julius Schälike, Paderborn 2011, mentis Verlag, S. 99–122, hier: S. 115. Winkler, Katja (2016): Semantiken der Befähigung. Die Rezeption des Capabilities Approach in der theologischen Sozialethik, Baden-Baden: Nomos.

Allerdings sind die menschlichen Wesensmerkmale möglicherweise nicht der direkte Anhaltspunkt für die Begründung des Fähigkeitenkatalogs. Vielmehr ist die Begründung von demselben auf den *overlapping consensus* im Rawlsschen Sinne zurückzuführen, der zwar auf die gemeinsame menschliche Lebensform hinweist, jedoch einen größeren Fokus auf die Anerkennung der Menschen untereinander lenkt.[166] Die Begründung von Menschenrechten stützt sich dann nicht unmittelbar auf die biologische Anlage des Menschen, sondern vielmehr auf die interpretative Leistung, die bei der **Erkenntnis gemeinsamer Menschlichkeit** erbracht wird. Die beiden Lesarten – die biologistische und die interpretative – können in Nussbaums Werk chronologisch eingeordnet werden. Wenn man ihre Texte aus den 1980er und 1990er Jahren liest, in denen sie sich hauptsächlich auf den aristotelischen Essentialismus bezieht, so neigt man dazu, die biologistische These anzunehmen. Spätestens seit der Monographie *Women and Human Development* aus dem Jahr 2000 lässt sich eine Akzentverschiebung hin zur interpretativen Lesart feststellen. Diese ist nicht nur der Auseinandersetzung mit Rawls, sondern auch der stärkeren Fokussierung auf den Begriff der Menschenwürde geschuldet. Der **Menschenwürdebegriff** ist für das Anliegen Nussbaums von großem Nutzen, denn, wie sie bemerkt, „[the] idea of human dignity has broad cross-cultural resonance and intuitive power“[167].

Der Begriff der Menschenwürde ist vielfach präsent, nimmt jedoch im Kern eine schwer bestimmbare Stellung in Nussbaums Denken ein. Nussbaum meint, dass der Begriff vage bleiben müsse, denn Menschenwürde sei „an intuitive notion that is by no means utterly cle-

166 Rawls' Gebrauch von Anthropologie ist auch nicht eindeutig. Vgl. Siep: „Rawls macht es dem Leser nicht leicht, den epistemischen Status seiner Aussagen über die Personalität zu identifizieren. Handelt es sich um anthropologische Wesensaussagen oder hermeneutische Aussagen über die Grundlagen des Selbstverständnisses einer bestimmten Kultur?“ Siep, Ludwig: Rawls' politische Theorie der Person. In: Philosophische Gesellschaft Bad Homburg/Wilfried Hinsch (Hrsg.): Zur Idee des politischen Liberalismus. John Rawls in der Diskussion. Frankfurt am Main: Suhrkamp 1997, S. 380–395, hier: S 385.

167 Nussbaum 2000, S. 72.

ar“[168]. Ihr Konzept der Menschenwürde, das unter anderem auf die stoizistische Tradition zurückgeht, lässt sich am besten mit der Auffassung gleicher Behandlung und dem Postulat gegenseitiger Anerkennung umschreiben. Dies gilt jedoch unter dem Vorbehalt eines Mankos der stoischen Tradition, seinem eigenen Gewissen zu folgen und religiösen Vorstellungen Ausdruck zu verleihen, die im Kontext des Capability-Begriffs thematisiert wird: „Die alten Stoiker anerkannten die Verletzlichkeitsprämisse nicht. Sie hielten den Kern unserer Würde für so fest in uns verankert, dass er immun gegen die Verletzungen durch die Welt sei“[169]. Menschenwürde wird somit tendenziell auf eine negative Weise definiert: das Leben ist des Menschen nicht würdig, wenn seine Handlungsfreiheit, die durch das Vorhandensein der Verwirklichungschancen erst gestiftet wird, nicht gegeben ist.[170] Im Hinblick auf das Problem sozialer Gerechtigkeit greift diese negative Definition allerdings zu kurz. Aus diesem Grund macht Nussbaum einen intuitiven Vorschlag und nennt eine Liste von zehn Grundfähigkeiten, die sich an die Politik richtet und als das für ein menschenwürdiges Leben erforderliche Minimum gelten soll. Der Fähigkeitenkatalog wird dabei direkt auf den Gedanken der Menschenwürde zurückgeführt:

168 Nussbaum 2011, S. 29. Es ist anzumerken, dass der Begriff der Menschenwürde in Nussbaums neueren Schriften eine zentralere Bedeutung zugestanden wird: „These capabilities include economic goods, but they also include basic rights and liberties, and the notion of human dignity plays a central role in knitting them all together“. Nussbaum, Martha C. (2017): Anger and Forgiveness: Resentment, Generosity, Justice, New York City, Oxford University Press, S. 173.

169 Nussbaum 2014, S. 63. Als kontrovers muss dieser lapidare Zusatz erscheinen: „Ich kann das leichter als ein Stoiker oder Kantianer sagen, weil nach meiner Ansicht selbst ein vollständiger Zusammenbruch der Entscheidungsfähigkeit – abgesehen von Tod oder Koma – die angeborene Menschenwürde nicht beseitigt“. A. a. O., S. 64.

170 Eine ähnliche Definition liefert Birnbacher, für den sich die „Eigentümlichkeit der Menschenwürde“ durch drei Merkmale auszeichnet: Unverlierbarkeit, emanzipatorischer Charakter und Souveränität. Vgl. Birnbacher, Dieter: Kann die Menschenwürde die Menschenrechte begründen? In: Die großen Kontroversen der Rechtsphilosophie, hrsg. v. Bernward Gesang u. Julius Schälike, Paderborn 2011, mentis Verlag, S. 77–98, hier: S. 78.

„How do I argue for the ten capabilities? Like Rawls, I view my arguments as essentially Socratic in character: I appeal to the interlocutor to ponder what is implicit in the notion of human dignity and of a life in accordance with it. I ask the interlocutor to consider that certain ways of life that human beings are forced to lead are not fully human, in the sense of their not being worthy of the dignity of the human being, I believe that this intuitive starting point offers definite, albeit highly general, guidance. Marx's vivid descriptions of forms of labor that allow a continued life, but not a fully human life, resonate the world over. The notion of a life in accordance with human dignity is one of the most fertile ideas used in worldwide constitutional jurisprudence. So, I argue in a very general and intuitive way, moving through various areas of life influenced by public policy, that the protection of these ten basic entitlements is an essential requirement of life with human dignity“[171].

3.2 Der Katalog menschlicher Grundfähigkeiten

Die Auflistung der Wesensmerkmale, die das menschliche Leben auszeichnen, dient Nussbaum im weiteren Schritt als Grundlage für den Capabilities Approach, den sie als eine Minimalkonzeption des Guten auffasst. Ihr erklärtes Ziel ist es, nicht nur die Schwelle zu bestimmen, ab der man von der menschlichen Lebensform nicht mehr sprechen kann (was durch die Bestimmung der Wesensmerkmale getan ist), sondern eine höhere Schwelle zu suchen, ab der das menschliche Leben zu einem guten und gelingenden Leben wird. Die höhere Schwelle baut auf den vorab spezifizierten anthropologischen Grundmerkmalen auf und hat zum Ziel, eine **Liste von zehn elementaren Funktionsfähigkeiten** (Central Human Capabilities) zu bestimmen. Im Fol-

171 Nussbaum, Martha C: Reply to Okin, In: Philosophy and Public Affairs (2004), S. 197. Hervorhebung des Verfassers.

genden sollen diese Fähigkeiten jeweils benannt und unter Rückgriff auf mögliche Einwände kritisch kommentiert werden.

Nussbaum fordert zunächst, dass Menschen befähigt werden müssen, ihr Leben bis zum natürlichen Tod führen zu können **(1)**. Das Recht auf Leben fasst sie als ein unveräußerliches Recht auf, grundsätzlich besteht eine Ausnahme nur im Kontext der Sterbehilfe. Vorzeitiger Tod ist berechtigt, wenn die Lebensqualität so weit reduziert ist, dass das Leben nicht mehr als lebenswert erscheint. Paola Bernardini bemerkt hierzu, Nussbaum sei „close to the medical definition of death, overlooking the fact there is more that one medical definition of death and, more importantly, the fact that medical definitions of death do rest on specific philosophical, and comprehensive conceptions of the person“[172]. Eine Antwort auf diesen berechtigten Einwand suchte man in Nussbaums Schriften vergeblich. In ihrer neuesten Monographie aus dem Jahr 2020 geht sie darauf explizit ein:

> „Wir können, wie ich es tue, zu dem Schluss gelangen, dass zumindest einige menschliche Fähigkeiten vorhanden sein müssen, damit ein Wesen als gleichwertig behandelt werden sollte – so würden eine Person im Wachkoma oder vielleicht ein Kind mit Anenzephalie nicht dazugehören. Doch Wahrnehmung, emotionale Fähigkeiten und die Fähigkeit, sich zu bewegen, sind allesamt menschliche Fähigkeiten, und eine Auswahl von ihnen ist ausreichend für den gleichen Respekt“[173].

Der sich daraus ergebende Personenbegriff Nussbaums ist unverkennbar an Vernunft gebunden und weist einen starken aristotelischen Zug auf. Die so aufgefasste Grundfähigkeit, „sein Leben bis zum natürlichen Tod führen zu können“, ist in weiterer Hinsicht problematisch: Thomas Gutschker wendet ein, dass die Erfahrungskonstan-

172 Bernardini, Paola: Person, Capabilities, and Human Rights. Two contemporary trends. In: Persona y Derecho 57 (2007), S. 289–304, hier: S. 295.

173 Nussbaum 2020, S. 314.

te bzw. das Wesensmerkmal Sterblichkeit in keiner Weise die Überzeugungskonstante „alle Menschen haben eine Abneigung gegen den Tod" rechtfertigt. Als Beispiel nennt er die unterschiedlichen Auffassungen von ausgerechnet Aristoteles und Sokrates. Während Aristoteles bekanntlich den Tod als größtes Unheil ansah, hielt Sokrates die Todesfurcht für lächerlich. Gutschker bemerkt deshalb: „Zwei Angehörige derselben Kultur, Bürger derselben Stadt und sogar Freunde verbinden die Erfahrung der Sterblichkeit mit völlig verschiedenen Überzeugungssystemen".[174]

Im Lichte des politischen Charakters des Capabilities Approach ist Gutschkers Einwand trotz seiner Plausibilität zurückzuweisen, weil es Nussbaum eben nicht auf eine penible Untersuchung aller möglichen Ausnahmen in Bezug auf die Erfahrungskonstanten ankommt, sondern letztlich um die Formulierung der Forderungen an die Politik, die Aussichten auf einen weitgehenden Konsens haben. Mit anderen Worten will Nussbaum die metaphysische Dimension des Todes am liebsten erst gar nicht thematisieren (die spärlichen Beiträge zu diesem Thema sind kein Zufall), sondern sucht nach einer praktischen Lösung der Frage, wie ein Recht auf Leben gesichert werden könnte.

Ferner wird von Nussbaum gefordert, dass die Menschen in der Lage sein sollten, ihre Gesundheit einschließlich der reproduktiven Gesundheit zu bewahren, sich ausreichend ernähren zu können und über eine angemessene Unterkunft zu verfügen **(2)**. Die letztere Forderung geht gewissermaßen über den Capabilities Approach hinaus. Eric Nelson weist zu Recht darauf hin, dass es sich hier nicht um eine Fähigkeit, sondern direkt um ein materielles Gut handelt. Dies lässt Nussbaums Ansatz insofern inkonsistent erscheinen, dass:

> „shelter is a good, not a state (or at most it is simply the state of having a good), and, after all, the central ambition of the capabilities approach has been to shift the focus of distributive jus-

174 Gutschker 2002, S. 438.

> tice from resources themselves to the things that people are able to do with them.“[175]

Ferner verlangt Nussbaum Bewegungsfreiheit und Schutz vor Übergriffen einschließlich sexueller Übergriffe und häuslicher Gewalt **(3)**. Zu den elementaren Funktionsfähigkeiten, die direkt mit dem menschlichen Körper im Zusammenhang stehen, zählt Nussbaum das Recht auf sexuelle Selbstbestimmung. Menschen sollten die Möglichkeit haben, ihre Sexualität auszuleben und über ihre Familienplanung selbst zu entscheiden. Die Fähigkeiten, die mit Gesundheit und körperlicher Integrität im Zusammenhang stehen, sind in Beziehung zu den anderen Fähigkeiten von so großer Bedeutung, dass umfassende staatliche Intervention in diesen Bereichen legitim erscheint. Den Vorwurf des Paternalismus weist Nussbaum entschieden zurück. Erstens soll es sich hier um fundamentale Fähigkeiten handeln, deren Fehlen die Entfaltung aller weiteren Fähigkeiten behindert, und zweitens können Einzelheiten in Bezug auf geeignete Gesundheitsfürsorge und öffentliche und persönliche Sicherheit im Rahmen deliberativer Prozesse geklärt werden.

Zudem setzt Nussbaum auf ihre Liste die menschliche Funktionsfähigkeit, freien Gebrauch von den Sinnen und der Vorstellungskraft machen und sich der eigenen Vernunft bedienen zu können **(4)**.[176] Sie knüpft die Forderung nach der Verwirklichung dieser Fähigkeit unter

---

175 Nelson, Eric: From Primary Goods to Capabilities. Distributive Justice and the Problem of Neutrality. In: Political Theory 2008, S. 93–122, hier: S. 97.

176 In früheren Versionen ihrer Liste spricht Nussbaum vom Gebrauch aller fünf Sinne. Offensichtlich hat sie diesen Passus wegen der Behindertenthematik, mit der sie sich seit 2000 intensiv auseinandersetzt, gestrichen. Vgl. Chad: „Nussbaum addresses the question of disabilities via the capabilities approach through her list. Her early formulation of the capabilities list excluded many people from the ability to live a truly human life since she required such a life to include using all five senses, for example. She has since retracted from such bold statements“. Kleist, Chad: Global Ethics. Capabilities Approach. In: Internet Encyclopedia of Philosophy, URL: http://www.iep.utm.edu/ge-capab/, zuletzt abgerufen am 09.10.2020.

anderem an die Notwendigkeit angemessener Bildung. Als Mindeststandards nennt sie die Lese- und Schreibfähigkeit sowie mathematische und naturwissenschaftliche Grundkenntnisse. Nussbaum hebt die Bedeutung angemessener Frühbildung hervor, da diese für die intellektuelle Entwicklung des Individuums von zentraler Bedeutung ist. Die Gedankenfreiheit verbindet sie mit der Teilhabe am kulturellen Leben, sei es durch Erleben oder aktive Mitgestaltung von Kunst, Religion, Literatur und Musik. Nussbaum postuliert ein Recht auf freie Meinungsäußerung im politischen und künstlerischen Raum sowie auf freie Religionsausübung. Die Gewissensfreiheit und das Recht auf freie Religionsausübung stehen im Zusammenhang mit dem Gebrauch der praktischen Vernunft **(6)**, der es möglich macht, selbstständig eine Konzeption des Guten für sich zu finden und über die eigene Lebensplanung kritisch zu reflektieren. Ferner sollten Menschen befähigt werden, angenehme Erfahrungen zu sammeln und unnötigen Schmerz zu meiden.

Nussbaum legt großen Wert auf den emotionalen Aspekt des Menschseins und widmet ihm zwei separate Punkte auf ihrer Liste elementarer Funktionsfähigkeiten **(5/9)**. Hervorgehoben wird von ihr die Fähigkeit, Zuneigung gegenüber Mitmenschen zu zeigen, sie zu lieben und ihnen nachzutrauern. Die Menschen sollten dazu befähigt werden, ihre Gefühle frei auszudrücken. Insbesondere sollten sie auch befähigt werden zu lachen, zu spielen und Freizeitbeschäftigungen nachzugehen. In Bezug auf die emotionale Entwicklung, die durch Furcht oder Einschüchterung nicht beeinträchtigt werden darf, weist Nussbaum auf die Bedeutsamkeit geeigneter menschlicher Gemeinschaftsformen hin. Die soziale Interaktion muss durch Politik ermöglicht und entsprechend gefördert werden **(7)**. Zu den Grundbedingungen gehören die Versammlungs- und Meinungsfreiheit. In ihrem Zusammenleben müssen Menschen befähigt werden, gegeneinander Empathie zu zeigen und sich in die Lage des Anderen hineinversetzen zu können.[177] Das Leben der Gemeinschaft soll sich durch gegenseitigen Respekt und Gewaltfreiheit auszeichnen. An die Forderung der Gleichbehandlung knüpft Nussbaum ein Gebot der Nichtdiskriminierung an. Benachteiligungen aufgrund der Rasse, des Geschlechts, der sexuellen Orientierung, der Volks- und Kastenzugehörigkeit, Religion oder der ethnischen Herkunft sind unzulässig. In Bezug auf die Umwelt spricht Nussbaum von der Befähigung, auf die natürlichen Grundlagen einschließlich des Tier- und Pflanzenreichs Einfluss und Rücksicht nehmen zu können **(8)**.

Der letzte Punkt in Nussbaums Aufzählung verdient besondere Beachtung, weil darin politische Partizipationsrechte und soziale Teilhaberechte zum Ausdruck kommen, die für liberale Menschenrechtskonzeptionen von grundlegender Bedeutung sind. Nussbaum fordert die Befähigung zur Beteiligung an politischen Prozessen, die das Leben der Bürger beeinflussen **(10)**.[178] Das Recht auf politische Teilnahme knüpft sie inhaltlich an die Sicherung der Meinungs- und Vereinigungsfreiheit. Nussbaum verlangt ein Recht auf Besitz und Vermögen, sowohl in Bezug auf Grundbesitz als auch auf das Eigentum beweglicher Güter. Bei Vermögensrechten müssen die Bürger gleichberechtigt sein. Ungerechtfertigte Durchsuchung und Beschlagnah-

177 Auf einen wichtigen Zusammenhang zwischen Empathie und der Idee der Menschenrechte weist Beindik-Keymer hin: „Nussbaum works within the modern human rights tradition to this extent: she thinks justice becomes sensible through a variant of what I and historians or human rights call ‚empathy'. In Frontiers of Justice, Nussbaum focuses on ‚sympathetic imagining.' She writes that such ‚imagining' is used ‚to extend and refine our moral judgments concerning the lives of animals. This makes perfect sense within the human rights tradition. Empathy is the great grower of justice'". Bendik-Keymer: From humans to all of life: Nussbaum's transformation of dignity, in: Capabilities, Gender, Equality: Towards Fundamental Entitlements, hrsg. v. Falvio Comim u. Martha C. Nussbaum, Cambridge University Press 2014, S. 175–187.

178 Der letzte Punkt der Capabilities-Liste wurde im Laufe der Jahre ausgeweitet. In der Version von 1992 war lediglich abstrakt von der Fähigkeit, das eigene Leben nicht als das von „irgendjemandem“ zu leben, sowie von der Fähigkeit, „das eigene Leben in seiner eigenen Umwelt und in seinem eigenen Kontext zu leben“ die Rede. Nussbaum, Menschliches Tun und soziale Gerechtigkeit, a. a. O. 1993, S. 340.

me sollten untersagt sein. Zu den politischen Rechten gehören laut Nussbaum auch gewisse Rechte dazu, die dem Individuum auf dem Arbeitsmarkt gewährt werden. Sie verlangt dementsprechend, dass Menschen die Fähigkeit besitzen sollten, unter gleicher Behandlung nach Anstellung zu suchen. Bei der Arbeitsverrichtung müssen Menschen menschenwürdig behandelt werden und von ihrer praktischen Vernunft Gebrauch machen können. Der Einzelne sollte mit anderen Angestellten in Beziehung treten können, die auf gegenseitiger Anerkennung beruht. Vor dem Hintergrund des aristotelischen Ansatzes ist es verständlich, dass Nussbaum die praktische Vernunft und soziale Bindung als die wichtigsten Funktionsfähigkeiten bezeichnet, die „das gesamte Unternehmen zusammenhalten und zu einem menschlichen machen“[179]. Die praktische Vernunft macht es möglich, durch Ausübung von Tätigkeiten, die durch Inanspruchnahme der zur Disposition stehenden Fähigkeiten frei gewählt werden können, einen eigenen Lebensentwurf zu verfolgen; die soziale Bindung konstituiert wiederum den Anspruch auf soziale Anerkennung.

Im Folgenden sind zur Übersicht die erörterten Grundfähigkeiten den dazu korrespondierenden Wesensmerkmalen gegenübergestellt:

	Wesensmerkmal	**Grundfähigkeit**
(1)	Sterblichkeit	Fähigkeit, das Leben bis zum natürlichen Tod zu leben
(2)	Körperlichkeit	Fähigkeit, sich angemessen zu ernähren, sich guter Gesundheit zu erfreuen und eine Unterkunft zu haben
(3)	Empfinden von Freude und Schmerz	Fähigkeit, sich gegen Gewalt zu schützen, nach lustvollen Erlebnissen zu suchen und schmerzvolle Erlebnisse zu meiden
(4)	Sinne, Vorstellungskraft und Denken	Fähigkeit, sich des eigenen Verstandes zu bedienen, angemessenen Zugang zur Bildung zu haben, am kulturellen Leben teilzunehmen und von der Meinungsfreiheit Gebrauch zu machen

179 A. a. O.

(5)	Emotionalität	Fähigkeit, Gefühle frei auszudrücken und sich emotional ohne Angst und Einschüchterung zu entwickeln
(6)	Praktische Vernunft	Fähigkeit, eine eigene Konzeption des Guten zu verfolgen und über die Planung des eigenen Lebens kritisch zu reflektieren
(7)	Verbundenheit mit anderen Menschen	Fähigkeit, in soziale Interaktionen zu treten, sich in die Lage des Anderen hineinzuversetzen und respektvoll mit Anderen umzugehen
(8)	Verbundenheit mit Natur	Fähigkeit, in Respekt für die Tier- und Pflanzenwelt zu leben
(9)	Humor	Fähigkeit zu lachen, zu spielen und Freizeitbeschäftigungen nachzugehen
(10)	Getrenntsein	Fähigkeit, ein eigenes Leben zu führen, an politischen Prozessen zu partizipieren, Eigentum zu besitzen, nach Arbeit zu suchen etc.

3.3 Der Capabilities Approach als eine Menschenrechtskonzeption

Wie aus der Erörterung der Liste menschlicher Grundfähigkeiten hervorgeht, nimmt Nussbaums Anliegen eine postulative Form an und ähnelt der Rhetorik, die vielen Menschenrechtserklärungen eigen ist. Folgt man der Definition von Lohmann, der Menschenrechte als „universelle, egalitäre, individuelle, kategorische und fundamentale subjektive Rechte“[180] auffasst, oder der von Bielefeldt[181], dem zufolge das normative Profil der Menschenrechte durch den universalen Anspruch, die emanzipatorische Stoßrichtung und die Tendenz zur politisch-rechtlichen Durchsetzung gekennzeichnet ist, dann kann

180 Lohmann, Georg: Was muss man wie bei den „Menschenrechten“ begründen. In: Menschenrechte: Begründung, Bedeutung, Durchsetzung, hrsg. v. Daniela Demko u. a., Würzburg 2015, Verlag Königshausen & Neumann, S. 23–69, hier: S. 23.

181 Vgl. Bielefeldt 1998, S. 25.

man Nussbaums Fähigkeitenkatalog zweifelsohne als eine Menschenrechtskonzeption bezeichnen. Der universale Anspruch ergibt sich aus dem anthropologischen Ansatz, in dessen Rahmen eine kulturinvariante Liste von menschlichen Grundfunktionen entwickelt wird. Die emanzipatorische Stoßrichtung ist angesichts der Herangehensweise, die Lebenssituation der Benachteiligten kritisch zu untersuchen, ebenfalls gegeben. Der Capabilities Approach versteht sich von Beginn an als ein normatives Unterfangen, das die Behebung sozialer Missstände und die Förderung menschlichen Potenzials zum Ziel hat. Nussbaum unternimmt vielfach den Versuch, die Menschenrechte negativ zu begründen, indem sie auf das Fehlen der Verwirklichungschancen für Diskriminierte und sozial Benachteiligte hinweist. Die dritte Voraussetzung nach Bielefeldt, die Tendenz zur politisch-rechtlichen Durchsetzung, ist ebenfalls erfüllt: Die Forderungen des Capabilities Approach sind an Regierungen und öffentliche Politik gerichtet, die es zur Aufgabe haben, für die Bedingungen für ein gedeihliches Leben aller Bürgerinen und Bürger Sorge zu tragen.

Es muss betont werden, dass Nussbaums Grundfähigkeiten ähnlich wie die einzelnen Artikel der Allgemeinen Erklärung der Menschenrechte als unteilbar und als ein Ganzes zu betrachten sind.[182] Zwei Fähigkeiten dürfen allein wegen der Tatsache, dass sie inkommensurabel sind, nicht gegeneinander ausgespielt werden. Der Capabilities Approach ist strikt universal: alle Fähigkeiten sind wichtig für jeden Bürger in jeder Nation. Hat der Staat nicht alle Punkte des Fähigkeitenkatalogs angemessen berücksichtigt, dann ist die Schwelle minimaler Gerechtigkeit nicht erreicht.

Wie in der Einleitung dargelegt, ist die **Universalitätsbegründung** für eine jede Menschenrechtskonzeption die Grundvoraussetzung. Vor diesem Hintergrund muss Nussbaums Universalitätsbegründung an dieser Stelle systematisch untersucht werden. Ihr Versuch, die Grundfähigkeiten als universale Ansprüche zu begründen, kann

182 „The Capabilities are seen not as isolated atoms but as a set of opportunities that interact and inform one another". Nussbaum 2011, S. 98.

dabei in vier Punkte zusammengefasst werden.[183] Zunächst geht der Capabilities Approach von vielfältigen Verwirklichungsmöglichkeiten menschlicher Fähigkeiten aus, die abhängig von individuellen Entscheidungen, lokalen Umständen und den in einer Kultur etablierten Werten gestaltbar sind (1). Diese Offenheit gegenüber der Diversität menschlicher Lebensentwürfe und Gemeinschaftsformen soll den Vorwurf des Kulturimperialismus neutralisieren. Ferner entzieht sich der Capabilities Approach dem Verdacht des Paternalismus, der von Seiten der Liberalen erhoben werden könnte (2). Nach dem Fähigkeiten-Ansatz sollen fundamentale politische Prinzipien auf die Förderung der Verwirklichungschancen und nicht auf das Vorschreiben bestimmter Tätigkeitsweisen gerichtet sein. Es ist dem Bürger überlassen, von welchen Funktionen er qua seiner praktischen Vernunft Gebrauch macht. Die politische Ordnung, die sich aus dem Capabilities Approach ergibt, weist neben sozialdemokratischen Zügen die Grundmerkmale des politischen Liberalismus auf, der ein Überlegungsgleichgewicht zwischen Individuen, die sehr unterschiedliche Auffassungen vom Guten haben können, möglich macht (3). Der Capabilities Approach ist ebenfalls um den Universalitätsanspruch in Bezug auf die globale Menschenrechtspolitik bemüht (4). Er soll philosophische Grundlagen für verfassungsrechtliche Prinzipien liefern, die Implementierung von diesen soll jedoch der Innenpolitik einer jeden Nation überlassen werden. Internationale Organisationen und andere Regierungen sind allerdings berechtigt, die Implementierung zu überwachen und zu fördern und in besonders schwerwiegenden Fällen wirtschaftliche und politische Sanktionen aufzuerlegen.

Dass die Universalität menschlicher Grundfähigkeiten als begründet gilt, braucht nicht weiter analysiert werden. Entscheidend für die hier vorgenommene Untersuchung ist die Frage, ob sich Nussbaums Grundfähigkeiten direkt *als* Menschenrechte begreifen lassen. Die Menschenrechte und die politischen Konzeptionen menschlicher Ent-

183 Im Folgenden beziehe ich mich auf das Kapitel „In Defense of Universal Values" in: Nussbaum 2000, S. 34–105.

wicklung verfolgen in jedem Fall dasselbe Ziel. Im Human Development Report aus dem Jahr 2010 heißt es beispielsweise: „Human rights and human development share a common vision and a common purpose – to secure the freedom, well-being and dignity if all people everywhere“[184]. Nussbaum selbst attestiert ihrem Fähigkeitenkatalog eine nahe Verwandtschaft mit Menschenrechten und bemerkt, dass er sowohl die Menschenrechte der ersten (politische Rechte) als auch der zweiten (ökonomische und soziale Rechte) Generation beinhaltet. Der Capabilities Approach soll ähnlich wie die Menschenrechte die philosophische Grundlage für fundamentale Verfassungsprinzipien liefern.[185] Ein beträchtlicher Unterschied scheint in der Terminologie zu liegen. Der Capabilities Approach verzichtet auf die Hervorhebung juridischen Charakters der Ansprüche, die Bürger an den Staat erheben, und konzentriert sich stattdessen auf faktisch gegebene Potenziale, die nach Verwirklichung suchen. Nussbaums Skepsis bezüglich der Menschenrechtsnomenklatur stützt sich unter anderem darauf, dass diese mit der westlichen Aufklärung in Verbindung gebracht wird, was der Universalitätsbegründung unnötige Hindernisse in den Weg legt. Vorstellungen von menschlicher Aktivität und Fähigkeiten sind hingegen überall anzutreffen und es gibt keine Kultur, in der Menschen sich nicht fragen würden, was sie tun können, und welche Chancen ihnen gegeben sind:

> „Die aristotelische Konzeption [hat] mit ihrer Betonung einer guten Lebensführung das große Verdienst, nicht nur nach den Institutionen des einzelnen Gemeinwesens zu fragen, sondern auch mit Grundvorstellungen zu operieren, die von Menschen an vielen Orten und zu vielen Zeiten geteilt werden und geteilt wer-

184 United Nations: Human Development Report 2000. URL: http://hdr.undp.org/sites/default/files/reports/261/hdr_2000_en.pdf, zuletzt abgerufen am 09.10.2020.

185 „Ich denke, diese Theorie [Capabilities Approach] ist ein guter Ausgangspunkt für Verfassungsgrundsätze“. Nussbaum, Martha C. (2019): Königreich der Angst. Gedanken zur aktuellen politischen Krise, Darmstadt: Wissenschaftliche Buchgemeinschaft, S. 277.

> den können. Vorstellungen, die – so behaupte ich – die Basis für ein Gespräch über politische Grenzen hinweg abgeben können“[186].

Ferner betont Nussbaum, dass der Fokus auf die Menschenrechte in Form von Grundrechten von der Tatsache ablenken könnte, dass Menschen trotz des rechtlichen Schutzes und der „auf dem Papier“ festgeschriebenen Gleichbehandlungsgebote unter Umständen nicht gedeihen können:

> „Why is it a good idea to understand rights, so understood in terms of capabilities? I think this approach is a good idea because we then understand that what is involved in securing a right to people is usually a lot more than simply putting it down on paper. We see this very clearly in India, for example, where the Constitution is full of guarantees of Fundamental Rights that are not backed up by effective state action“[187].

Nussbaums Capabilities Approach geht somit über das positive Recht hinaus und zielt auf die Untersuchung dessen ab, wie Menschen am besten gedeihen können. Das moralische Ideal entspricht dem Ideal der überpositiven Menschenrechte und soll idealerweise in juristisch verbrieften Ansprüchen resultieren[188]. Der Capabilities Approach geht von den Grundfähigkeiten aus und liefert die ideelle Grundlage für das positive Recht – genauso, wie es die Menschenrechte tun. Der Unterschied besteht hauptsächlich darin, dass die **Sprache des**

186 Nussbaum, Martha C.: Der aristotelische Sozialdemokratismus, in: Ders., Gerechtigkeit oder das gute Leben, Frankfurt/Main: Suhrkamp 1999, S. 24–85, hier: 31.

187 Nussbaum, Martha: Capabilities and Human Rights. In: Fordham Law Review 66/2 (1997), S. 273–300, hier: S. 293 f. In „Kosmopolitismus“ schreibt Nussbaum, der Fähigkeitenansatz „versteht sich als Vorlage für die Verfassungs- oder Grundgesetzgebung in Nationen, die keine schriftliche Verfassung haben“. Nussbaum 2020, S. 309.

188 Der bei Nussbaum ersichtliche Zusammenhang folgt der bekannten Definition von Habermas: „Menschenrechte tragen ein Janusgesicht, das gleichzeitig der Moral und dem Recht zugewandt ist. Ungeachtet ihres moralischen Inhalts haben sie die Form juristischer Rechte“. Habermas 1998, S. 177.

Rechts erst im weiteren Schritt Anwendung findet.[189] Sie ist unerlässlich, weil sie den Vorteil rhetorischer Direktheit hat, die den Duktus des Capabilities Approach übertrifft. Denn zu sagen: „Hier ist eine Liste der Dinge, zu denen Menschen befähigt sein sollten" hat eine nur vage normative Kraft. Die Aussage „Hier ist eine Liste fundamentaler Rechte" ist hingegen rhetorisch stark.[190] Aus diesem Grund suchen Nussbaums Grundfähigkeiten genauso wie die Menschenrechte nach Positivierung und Verankerung im Verfassungsrecht, was den Staat zu entsprechenden Handlungen binden soll.

Dass die „Sprache des Rechts" strategisch vorteilhaft sein kann, wird jedoch in der aktuellen Literatur hinterfragt. In ihrer differenzierten Analyse des Zusammenhangs zwischen Capabilities und Menschenrechten weist Robeyns darauf hin, dass die Idee der Menschenrechte in vielen Teilen der Welt nach wie vor mit westlichem Expansionismus in Verbindung gebracht und daher auf Skepsis stößt. Sie plädiert daher nicht für eine Sprache des Rechts, sondern gezielt für eine „Sprache der Fähigkeiten":

> „In some countries, the terminology of ‚human rights' is regarded with suspicion, as it is seen as stemming from a colonial era, and, as a consequence, is regarded as an instrument of western domination. This makes it hard for both local and global advocates of human rights to advance their cause. By using the terminology of capabilities, which is not linked to a particular coloni-

189 Nussbaum folgt an diesem Punkt den wegweisenden Worten von Bernard Williams: „I am not very happy myself with taking rights as the starting point. The notion of a basic human right seems to me obscure enough, and I would rather come at it from the perspective of basic human Capabilities. I would prefer Capabilities to do the work, and if we are going to have a language or rhetoric of rights, to have it delivered from them, rather than the other way round". Williams, Bernard: The Standard of Living. Interests and Capabilities. In: Hawthorn, Geoffrey/Amartya Sen (Hrsg.): The Standard of Living. Cambridge: Cambridge University Press 1987, S. 94–102, hier: S. 100.

190 Vgl. Nussbaum, Capabilities and Human Rights, a. a. O. 1997, S. 296.

> al era or western power, instead of the language of human rights, these same valuable rights can be argued for.“[191]

Bei ihrer Untersuchung stellt Robeyns fünf Gemeinsamkeiten zwischen der Idee des Capabilities Approach und der Idee der Menschenrechte fest. Erstens ist der Fähigkeitenansatz ähnlich der Menschenrechtsidee ein anerkannter ethischer Rahmen. Zweitens sind beide bestrebt, den Raum der menschlichen Freiheit zu schützen und zu fördern. Drittens eignen sich beide Konzepte sowohl zur Bewertung der nationalen als auch der internationalen Fragestellungen. Viertens sind beide bestrebt Theorie mit Praxis zu verbinden, denn auf „Fähigkeiten“ und „Menschenrechte“ greifen Akademiker ebenso wie politische Aktivisten zurück. Fünftens weisen beide Konzepte einen stark interdisziplinären Charakter auf. Trotz dieser Gemeinsamkeiten kommt Robeyns in ihrer Analyse zu dem Schluss, dass der Capabilities Approach unmöglich eine Menschenrechtstheorie hervorbringen könne, da eine konkrete Umfangbestimmung und Begründung der Menschenrechte fehlten.[192] Der Nussbaumsche Ansatz könne höchstens eine Nähe zu den Menschenrechten aufweisen, allerdings geht Robeyns davon aus, dass sich der Diskurs um den Fähigkeiten-Ansatz mittlerweile verselbständigt und eine ganze Denkschule, die sie *Capabilitarianism* nennt, hervorgebracht habe. Die menschenrechtliche Lesart des Capabilities Approach könne dem Ansatz von Nussbaum gelten, diese Lesart sei jedoch alles andere als representativ für die neuere Forschung:

> „[When Nussbaum] writes ‚the CA is a type of human rights approach‘, we should read this as ‚Martha Nussbaum’s capability theory is a type of human rights approach‘. Many other capability theories are, evidently, not human rights approaches, and

191 Robeyns, Ingrid (2017): Wellbeing, Freedom and Social Justice: The Capability Approach Re-examined, Cambridge: Open Book Publishers, S. 165.

192 A. a. O., S. 166.

> hence the capability approach, as the overarching framework, cannot be either".[193]

In den aktuellen Beiträgen zur Politischen Theorie sind weitere Stimmen zu vernehmen, die den Capabilities Approach als eine partielle Theorie der Menschenrechte erscheinen lassen. Exemplarisch und abschließend sei Lohmann zitiert, der die Menschenrechte zwar an den Fähigkeiten-Ansatz knüpft und Nussbaums „starke vage Theorie des Guten" als plausiblen Ausgangspunkt für die Philosophie der Menschenrechte darstellt, und doch eine Einschränkung unter Verweis auf „Diskriminierungserfahrungen" des Menschen macht, der sich in Nussbaums Analyse wiederfindet:

> „[Die Menschenrechte] werden nicht durch eine Liste von Grundbedürfnissen oder Fähigkeiten des Menschen vorgegeben, sondern sie sind immer Resultat der Verarbeitung von komplexen Erfahrungen von Verletzungen und Gefährdungen, rechtlichen Fassungen und politischen Entscheidungen und – natürlich – moralischen Überprüfungen (…). Die Menschenrechte formulieren daher keine umfassende Theorie des Guten und deshalb auch, ganz gegen eine oft geäußerte Auffassung, haben sie nicht das letzte Wort in allen normativen Fragen. Das kränkt vielleicht unser Vertrauen ins Unbedingte, aber es macht uns auch bewusst, wie „endlich" alles Menschenwerk ist".[194]

193 A. a. O., S. 168.

194 Lohmann, Georg (2015): Was muss man wie bei den „Menschenrechten" begründen. In: Menschenrechte: Begründung, Bedeutung, Durchsetzung, hrsg. v. Daniela Demko u. a., Würzburg: Verlag Königshausen & Neumann, S. 23–69, hier: S. 43.

4 Die Aufgaben der Politik

Die Definierung der wichtigsten Funktionen des menschlichen Lebens dient Nussbaum als Ausgangspunkt für die Bewertung sozialer und politischer Institutionen. Diese haben die Aufgabe, Bürgern all das zu gewähren, was sie brauchen, um bei allen Tätigkeiten „funktionstüchtig" zu sein. Der Capabilities Approach schreibt Grundregeln sozialer Gerechtigkeit für politische Ordnungen vor: eine gute Gesellschaft bzw. ein „anständiger" Staat wird allen Bürgern Verwirklichungschancen in Form eines *Set of Opportunities* bieten und fördern.

Aus dem Fähigkeiten-Ansatz ergibt sich ein Staatlichkeitsmodell, das einerseits dem Einzelnen weitgehende Handlungsfreiheit einräumt und andererseits die Bürger zu bestimmten Tätigkeiten befähigen bzw. zur Entfaltung ihres individuellen Potenzials animieren soll. Diese Aufgabe des Staates darf aus Sicht des Bürgers nicht als Zwang erscheinen, sondern zielt lediglich auf die Schaffung von Rahmenbedingungen und Zurverfügungstellung von Ressourcen ab, so dass die Entscheidungsfreiheit des Bürgers nicht minimiert ist.[195] Diese grundsätzliche Forderung ist mit einem Risiko verbunden, denn Nussbaum muss sich dem Vorwurf stellen, dass sie nicht neutral genug verfahre

195 „Die Konzeption zielt nicht direkt darauf ab, Menschen dazu zu bringen, auf eine ganz bestimmte Weise zu funktionieren. Sie zielt vielmehr darauf ab, Menschen hervorzubringen, die zu bestimmten Tätigkeiten befähigt sind und die sowohl die Ausbildung als auch die Ressourcen haben, um diese Tätigkeiten auszuüben, falls sie dies wünschen. Die Entscheidung ist ihnen überlassen (...). Die Regierung fördert Fähigkeiten und überläßt den Rest den Bürgern selbst". Nussbaum, Der aristotelische Sozialdemokratismus, a. a. O. 1999, S. 40 f.

und die Pluralität individueller Lebensentwürfe verkenne. Aus diesem Grund entwickelt Nussbaum eine „vage“ Theorie des Guten, da sie die praktische Umsetzbarkeit im jeweiligen gesellschaftlichen und kulturellen Kontext sicherstellen will. Nussbaum spricht daher von der **vielfältigen und der örtlichen Spezifizierung** des Capabilities Approach. Ihr Fähigkeitenkatalog ist vielfältig umsetzbar, weil die daraus resultierenden Verpflichtungen für ein politisches Gemeinwesen einen Spielraum für eigene Entscheidungen des Bürgers offenlassen müssen. Die vielfältige Spezifizierung der Fähigkeiten bezieht sich auf die Privatautonomie des Bürgers, der ihm gewährte Verwirklichungschancen in freier Entscheidung nutzen oder aber erspielen kann. Die örtliche Spezifizierung ist in Bezug auf die Unterschiedlichkeit gesellschaftlicher Realitäten erforderlich. Mit dem Gedanken örtlicher Spezifizierung wird der Pluralismus gesellschaftlicher Formen angemessen berücksichtigt. Als Beispiel nennt Nussbaum Initiativen zur Bildungsförderung, die in einem Teil der Welt zu sehr guten Ergebnissen führen, in einem anderen aber völlig scheitern können. Der örtlichen Spezifizierung sind insofern Grenzen gesetzt, dass eine Tradition, die Ungerechtigkeit oder Unterdrückung legitimiert, nach dem Capabilities Approach unakzeptabel wäre. Der Aristotelismus kann „sich nicht aufhalten lassen, [diese] Tradition zu kritisieren“[196].

Als Beispiel berechtigter Kritik am Traditionalismus führt Nussbaum das gesundheitliche Bewusstseinsförderungsprogramm an, das in Indien für eine Gruppe von Witwern und Witwen durchgeführt wurde. Frauen schätzten ihren Gesundheitszustand als gut ein, Männer waren darüber voller Klagen. Eine Gesundheitsuntersuchung ergab jedoch, dass Frauen viel stärker unter Krankheiten litten als Männer, was auf mangelhafte Ernährung zurückzuführen war. Nach einem Jahr gaben die Frauen an, dass ihr Gesundheitszustand viel schlechter wurde, obwohl ihre objektive medizinische Situation weitgehend unverändert blieb. Nussbaum bemerkt, dass dieses Ergebnis

196 Nussbaum, Menschliches Tun und soziale Gerechtigkeit, a. a. O. 1993, S. 342.

für den Aristoteliker einen Fortschritt bedeutet, denn „die Wünsche und Erwartungen [der Frauen] stimmten nunmehr mit der Information darüber überein, wie ein gedeihliches Leben aussehen könnte. Sie wissen nun, welche Funktionen ihnen fehlen“[197]. Ein anderes Beispiel bezieht sich auf die Einführung der Pockenschutzimpfung in einem indischen Bundesstaat, die, so die Kritiker, den uralten Kult der Gottheit Sittala Devi ausgerottet habe. Der Einwand, der gegen den Essentialismus in diesem Fall erhoben wird, lautet, dass man einen in der Kultur fest verwurzelten Volksglauben nicht verdrängen dürfe, da dies einer imperialistischen und chauvinistischen Haltung gleiche. Nach aristotelischer Sicht sollte das Impfprogramm eingeführt werden und den Bürgern sollte überlassen sein, ob sie die Beziehung zu dieser Gottheit weiterhin aufrechterhalten wollen.

Nussbaum zufolge ist die Schwelle minimaler Gerechtigkeit nicht erreicht, solange nicht alle Punkte ihrer Liste der Grundfähigkeiten verwirklicht sind. Die Verwirklichungschancen des Individuums, für deren Ermöglichung die Politik Sorge tragen muss, dürfen dabei nicht als eine Momentaufnahme der anständigen Gesellschaft interpretiert werden. Vielmehr geht es Nussbaum um die langfristige Sicherung der Grundbefähigungen. Eine Politik, die sich am Capabilities Approach orientieren will, muss daher zukunftsgerichtet sein.[198] Eine der Möglichkeiten die Capabilities langfristig abzusichern ist eine geschriebene **Verfassung**. Da der Fähigkeitenkatalog wegen seines vagen und abstrakten Charakters lokale Besonderheiten ernst nimmt, können die einzelnen Fähigkeiten in unterschiedlichen Verfassungstraditionen verschieden spezifiziert und ins positive Recht überführt werden.[199] Sich einander ausschließende Regelungen in verschiedenen Ländern können dabei genauso richtig und mit dem Capabilities Approach vereinbar sein. Eines von Nussbaums

197 A. a. O., S. 348

198 „[P]ublic policy must not simply give people a capability, but give it to them in such a way that they can count on it for the future“. Nussbaum 2011, S. 43.

199 „There is room for nations to elaborate Capabilities differently to some extent, given their different traditions and histories“. A. a. O., S. 40.

Beispielen betrifft das Recht auf Redefreiheit, dem Rechtsordnungen an verschiedenen Stellen Grenzen setzen. Während etwa antisemitische Äußerungen in den Vereinigten Staaten im Sinne des *First Amendment* erlaubt sind, stehen sie in der Bundesrepublik Deutschland unter Strafe. Nussbaum argumentiert, dass die beiden Regelungen der freien Meinungsäußerung ihre Berechtigung haben, da sie in unterschiedlichen historisch-politischen Kontexten entstanden sind. Der Capabilities Approach pocht also nicht auf die Aufhebung objektiv vorhandener Unterschiede zwischen einzelnen Rechtstraditionen und Gesellschaften mit ihren partikulären Geschichten, sondern ist lokalen Umständen gegenüber sensibel. Ein Menschenrecht auf uneingeschränkte Meinungsfreiheit, die gesellschaftliche Realitäten missachtet, wäre nach diesem Ansatz nicht legitim.

Die Implementierung des Capabilities Approach muss Nussbaum zufolge durch jede Nation selbst erfolgen, wobei jede Nation in ihrer Spezifik die Fähigkeiten bis zu gewissem Grad auf eigene Art und Weise verstehen und formulieren kann. Die einzige Barriere, die den deliberativen Prozess unterbinden darf, ist der Schutz vor zeitweisen Präferenzen der regierenden Mehrheit. Um die Rechtssicherheit zu gewährleisten, müsste einer eventuellen Verfassungsänderung eine lange inhaltliche Debatte vorausgehen. In jedem Fall müssen die fundamentalen Ansprüche der Bürger (ihre Grundfähigkeiten) rechtlich gesichert bleiben.

4.1 Die Idee der aristotelischen Sozialdemokratie

Der Freiheitsbegriff, der hinter dem Capability-Konzept steht, geht unter anderem auf den Sozialliberalen Thomas Hill Green zurück, der Freiheit als eine Menge realer und tatsächlicher Möglichkeiten, die dem Einzelnen zur Verfügung stehen, definierte: „We do not mean merely freedom from restraint or compulsion (…) when we speak of freedom as something to be so highly prized, we mean a positive power or capacity of doing or enjoying something worth doing or enjoying“[200]. Die Idee der aristotelischen Sozialdemokratie ist für Nussbaum unzertrennlich gerade mit dem Namen Green verbunden, der als Anhänger des Perfektionismus die aristotelische Lesart menschlicher Funktionsweise unter anderem zur Unterstützung der Idee allgemeiner Schulpflicht nutzte. Unter Verweis auf Green geht Nussbaum auf die Gefahren ein, die sich aus der fortschreitenden Verdrängung des Staates aus immer weiteren Lebensbereichen der Bürger ergeben. Die libertäre Position, die den Gedanken sozialen Ausgleichs zugunsten der Privatautonomie dezimiert, verkennt ihrer Meinung nach die Notwendigkeit einer Instanz, die die Privatautonomie erst sinnvoll macht. Um frei entscheiden zu können, müssten zunächst die Bedingungen der positiven Freiheit geschaffen werden. Selbst wenn die Garantie der negativen Rechte zum Beispiel in Bezug auf das Vertrags- und Eigentumsrecht gegeben sei, sei es nach Nussbaum nicht ersichtlich, warum an dieser Stelle die Linie gezogen werden müsse. Öffentliche Bildung, Systeme sozialer Absicherung, staatliche Gesundheitsfürsorge oder Arbeitslosengeld sollten ebenfalls zu den Aufgaben des Staates gehören, wenn man die Frage nach der besten Strategie für die Förderung menschlicher Fähigkeiten näher betrachte. Denn es sei der Staat, der die letzte Verantwortung für das Wohl der Bürger trage. Nussbaum ist nicht dogmatisch in Bezug auf die praktische Umsetzung, die aus dieser Verantwortung entspringt; eine Delegierung bestimmter Bereiche in den Privatsektor hält sie für berechtigt. Allerdings darf sie mit ihrem normativen Verständnis von Staatlichkeit als einem Verteilungssystem wichtigster menschlicher Ansprüche sagen: „[The State's] job is to promote justice and wellbeing for human beings; if it's simply delegated to private industry and that doesn't work, then the State hasn't done its job“[201].

200 Green, Thomas Hill: Lecture on Liberal Legislation and Freedom of Contract. In: R. L. Nettleship (Hrsg.): The Works of Thomas Hill Green, Band 3, London [u. a.] 1908, S. 370.

201 Philosophy and public life. Interview with Martha Nussbaum, zuerst veröffentlicht in: Cogito 5/2006. URL: https://www.eurozine.com/philosophy-and-pu-

Nussbaum geht es um die Schaffung eines umfassenden Unterstützungssystems, „das allen Bürgern ein ganzes Leben lang eine gute Lebensführung ermöglicht“[202]. Die Befürwortung eines alle Lebensbereiche übergreifenden Staates lässt in Nussbaums Denken ein marxistisches Element erkennen. In der Tat bezieht sie sich genauso wie Amartya Sen direkt auf das Gedankengut des Marxismus. In Bezug auf Marx’ Ausführungen in den „Ökonomisch-philosophischen Manuskripten“ spricht Nussbaum gar von einer „Marxschen Version der aristotelischen Idee“[203]. Dabei ist Anthropologie der wichtigste Aspekt der Marxschen Philosophie, der in Nussbaums Werk eine Rolle spielt.[204] Diese Anthropologie geht von der Bedürftigkeit des Menschen und seiner unauflöslichen Abhängigkeit von der materiellen Welt aus. Wie bereits gezeigt, ist dies eine der Grundthesen, mit denen Nussbaum bei der Spezifizierung der menschlichen Lebensform operiert. In Marx‘ eigenen Worten wird diese Abhängigkeit so beschrieben:

> „Der Mensch ist unmittelbar Naturwesen. Als Naturwesen und als lebendiges Naturwesen ist er teils mit natürlichen Kräften, mit Lebenskräften ausgerüstet, ein tätiges Naturwesen; diese Kräfte existieren in ihm als Anlagen und Fähigkeiten, als Triebe; teils ist er als natürliches, leibliches, sinnliches, gegenständliches Wesen ein leidendes, bedingtes und beschränktes Wesen, wie es auch das Tier und die Pflanze ist, d. h. die Gegenstän-

blic-life, zuletzt abgerufen am 05.10.2020. Dadurch ließe sich argumentieren, dass der Capabilities Approach den Antagonismus von Autonomie und Bedürftigkeit erfolgreich überwindet. Vgl. Jörn Müller in: Menschenwürde als Fundament der Menschenrechte: Eine begründungstheoretische Skizze. In: a. a. O., S. 99–122, hier: S. 114.

202 Nussbaum, Der aristotelische Sozialdemokratismus, a. a. O. 1999, S. 62.

203 A. a. O., S. 62.

204 Außerdem nimmt Nussbaum von der Marxschen Analyse der Arbeitsverhältnisse Gebrauch. Vgl. zum Beispiel Nussbaum 2011, S. 78: „Marx’s vivid descriptions of forms of labor that allow continued life, but not a fully human life, resonate the world over. The notion of a life in accordance with human dignity is one of the most fertile ideas used in worldwide constitutional jurisprudence“.

de seiner Triebe existieren außer ihm, als von ihm unabhängige Gegenstände; aber diese Gegenstände sind Gegenstände seines Bedürfnisses, zur Betätigung und Bestätigung seiner Wesenskräfte unentbehrliche, wesentliche Gegenstände. Daß der Mensch ein leibliches, naturkräftiges, lebendiges, wirkliches, sinnliches, gegenständliches Wesen ist, heißt, daß er wirkliche, sinnliche Gegenstände zum Gegenstand seines Wesens, seinen Lebensäußerung hat oder daß er nun an wirklichen, sinnlichen Gegenständen sein Leben äußern kann. Gegenständlich, natürlich, sinnlich sein und sowohl Gegenstand, Natur, Sinn außer sich haben oder selbst Gegenstand, Natur, Sinn für ein drittes sein ist identisch. Der Hunger ist ein natürliches Bedürfnis; er bedarf also einer Natur außer sich, eines Gegenstandes außer sich, um sich zu befriedigen, um sich zu stillen. Der Hunger ist das gestandene Bedürfnis meines Leibes nach einem außer ihm seienden, zu seinen Integrierung und Wesensäußerung unentbehrlichen Gegenstande“[205].

Marx begreift, wie Leszek Kolakowski in seinem Standardwerk zum Marxismus erkannte, die biologischen Bedürfnisse und Bedingungen des menschlichen Daseins als Elemente gesellschaftlicher Bindungen.206 Dies bedeutet, dass die Marxsche Anthropologie, auf die Nussbaum zurückgreift, von einem vergesellschafteten Individuum ausgeht, das seine Bedürfnisse stets nur im gesellschaftlichen Kontext begreifen und stillen kann. Die Not des Einzelnen wird deshalb unweigerlich zu einer sozialen Frage:

„Marx rejected the notion of a fixed human nature or essence in the singular and adopted instead a historicized notion of

205 Marx, Karl: Philosophisch-Ökonomische Manuskripte. In: Marx-Engels-Werke. Berlin: Dietz-Verlag 1956, Band 40, S. 578.

206 Kolakowski, Leszek: Die Hauptströmungen des Marxismus. Entstehung. München 1988, S. 472.

> human natures in the plural. That is, there is a dialectical interplay between the biological substrate, which endows all members of the species with certain potentials, and the ensemble of social relations that shape everyday life in the worlds in which they live and which they themselves produce, reproduce, and, on occasion, change".[207]

Aufgrund des marxistischen Elements kann argumentiert werden, dass der Fähigkeiten-Ansatz ein kapitalismuskritisches Potential aufweist. Manche Interpreten verstehen Sens und Nussbaums Kritik an Konzeptionen des individuellen und politischen Lebens, die auf dem Prinzip der Anhäufung der materiellen Güter basieren, als einen Versuch, die in den 1970er Jahren stark gewordene neoliberale *Laissez-faire*-Mentalität anzuprangern. Mit dieser Kritik hängt die Krise der Modernisierungstheorie zusammen, die in der Entwicklungspolitik die Konzeptualisierung neuer Ansätze erforderlich machte. So schreiben zum Beispiel Shelley Feldman und Paul Gellert:

> „Rather than review the voluminous literature on development theory, we seek to situate Sen and Nussbaum in the context of on-going sociological debates. Since the 1970s, historians and social scientists of development have identified the biases and limitations of modernization theories and the crisis of structural and Marxist theories that attribute the failure of development to the systemic crises of capitalism. […]. Historically, then, one can interpret Nussbaum and Sen's commitment to a capability approach as a critique of and response to the consequences of neo-liberal policies: increasing inequality within states and greater disparities between them […]. Unlike the period of welfarism where institutions were legitimate sites of reform and responded to struggles for greater equality, neo-liberal states seem to tol-

207 Patterson, Thomas C.: Karl Marx. Anthropologist, Oxford/New York: Berg 2009, S. 41.

> erate higher levels of inequality and ironically intervene in and delegitimize struggles over citizenship and rights."[208]

Die Einordnung des Fähigkeiten-Ansatzes in die soziologische Debatte wird Nussbaum allerdings nicht gerecht. Vielmehr ist ihr Fähigkeiten-Ansatz dem Bereich der Politischen Philosophie zuzurechnen, denn Nussbaum geht es darum, ein bestimmtes Staatlichkeitsmodell zu entwerfen, in dem die Entwicklung aller Einzelbürger am besten gelingen kann. Dieses Modell ähnelt in mehreren Punkten dem skandinavischen Wohlfahrtsstaat. In *Aristotelian Social Democracy* beschreibt Nussbaum ihr Projekt wie folgt:

> „Die Idee ist, dass die gesamte Struktur des Gemeinwesens im Hinblick auf diese Fähigkeiten und Tätigkeiten entworfen wird. Nicht nur die Allokationsprogramme, sondern auch die Verteilung des Grund und Bodens, die Eigentumsformen, die Gestaltung der Arbeitsverhältnisse, die institutionelle Förderung der Familie und der sozialen Beziehungen, der Umweltschutz und die Freizeit- und Erholungseinrichtungen – all dies sowie die konkreteren Programme und Maßnahmen in diesen Bereichen werden im Hinblick auf ein gutes menschliches Leben gewählt"[209].

Die Lebensbereiche, die für den Aristoteliker von besonderer Bedeutung sind, können nach Nussbaums Interpretation in **Arbeit, Eigentum, politische Partizipation**, sowie **Bildung und Erziehung** eingeteilt werden. Zum ersten Punkt sei daran erinnert, dass umfassende Arbeitsrechte in Nussbaums Fähigkeitenkatalog deutlich Berücksichtigung finden. Nussbaum fordert nicht nur, dass jeder Bürger das Recht haben sollte, auf gleicher Basis nach einer Anstellung zu suchen. Sie

208 Feldman, Shelley/Paul Gellert: The Seductive Quality of Central Human Capabilities. Sociological Insights into Nussbaum and Sen's Disagreement. In: Economy and Society 35/3 (2006), S. 423–452, hier: S. 426f. u. 430.

209 Nussbaum, Der aristotelische Sozialdemokratismus, a. a. O. 1999, S. 66.

spricht auch von der Fähigkeit, als menschliches Wesen der Arbeit nachzugehen, auf Arbeit die praktische Vernunft anzuwenden und mit anderen Beschäftigten in sinnvolle Beziehungen von gegenseitiger Anerkennung zu treten. Für diese Bedingungen muss der Staat durch ein geeignetes Arbeitsrecht und eventuelle anderweitige Maßnahmen sorgen. Dies als Bestandteil der Idee einer „aristotelisch" bezeichneten Sozialdemokratie darzustellen ist allerdings problematisch. Knoll wendet ein:

> „(...) in diesem Bereich [Arbeit – *Anm. d. Verf.*] vertreten Aristoteles und Nussbaum derart unterschiedliche Auffassungen, daß es unbegründet und unangemessen ist, ihn für diesen Bestandteil ihrer politischen Konzeption in Anspruch zu nehmen. Dies wird insbesondere daran deutlich, daß sich Nussbaum mit ihrer zentralen normativen Forderung nach der ‚Schaffung von wahrhaft menschlichen und gemeinschaftsfördernden Arbeitsformen für alle Bürger' keineswegs auf Aristoteles berufen kann"[210].

Knoll argumentiert ferner, die Verwirklichung der Tüchtigkeiten nach Aristoteles könne nur dann gelingen, wenn Menschen genug Zeit und Muße dafür fänden; die Arbeit sollte von Sklaven verrichtet werden. Die Ausführungen Aristoteles' zur Arbeit könnten aus diesem Grund von Nussbaum nicht direkt übernommen werden. Das werden sie jedoch nicht. Nussbaum beruft sich bei ihren Ausführungen zur Stellung der Arbeit im menschlichen Leben ausgerechnet auf Marx. Der berechtigte Vorwurf würde daher lauten, dass Nussbaum den Aspekt der Arbeit zum aristotelischen Sozialdemokratismus zählt, ohne auf ihren Gebrauch von Marx deutlicher hinzuweisen.

Die Lebensbereiche, die mit Eigentum und politischer Partizipation zusammenhängen, sind bereits durch die Erörterung des Fähigkeitenkatalogs und Heranziehung von Zitaten charakterisiert worden.

---

210 Knoll 2009, S. 258.

Dem vierten Lebensbereich, nämlich der Bildung und Erziehung, widmet Nussbaum sowohl im grundlegenden Aufsatz *Aristotelian Social Democracy* als auch in anderen Publikationen mehr Aufmerksamkeit.

Die Bildung sollte Nussbaum zufolge zum staatlichen Sektor gehören. Richtig ist die Einschätzung von Christiane Scherer, die Nussbaums Ansichten wie folgt interpretiert: „Mit Aristoteles leitet Nussbaum aus der Forderung nach Beförderung interner Fähigkeiten ein starkes staatliches Erziehungskonzept ab, das dies zu leisten imstande ist“[211]. Man kann sagen, dass diese Forderung von der Kritik an aktuellen Tendenzen in der Bildungspolitik der USA und vieler anderer Länder begleitet ist. Unter anderem wird von Nussbaum die schleichende Kommerzialisierung des Zugangs zur Bildung und der an Universitäten vermittelten Inhalte bemängelt. In ihrem Kommentar zu einer Studie des Ausschusses des amerikanischen Bildungsministeriums zum Thema Zukunft der Hochschulbildung bemerkt sie etwa, wie die notwendigen Bestandteile einer guten Bildung wie die sokratische Selbstreflexion, weltbürgerliches Denken und narrative Imagination zunehmend im Zuge der Neoliberalisierung aus den Lehrplänen verdrängt werden:

> „This report focuses entirely on education for national economic gain, for profitability in the global market […]. The humanities, the arts, and critical thinking, so important for decent global citizenship, are basically absent, and the suggestion of the report is that it would be perfectly all right if these abilities were allowed to wither away, in favor of more useful disciplines“[212].

211 Scherer, Christiane: Das Menschliche und das gute menschliche Leben. Martha Nussbaum über Essentialismus und menschliche Fähigkeiten. In: Deutsche Zeitschrift für Philosophie 41 (5) 1993, S. 905–920, S. 913.

212 Nussbaum, Martha C.: Education for Profit, Education for Freedom. First annual Seymour J. Fox Memorial Lecture, The Hebrew University of Jerusalem, 16. Dezember 2007. Zuerst veröffentlicht am 24. Januar 2008. URL: https://de.scribd.com/document/271448004/Martha-Nussbaum-Education-for-Profit-Education-for-Freedom, zuletzt abgerufen am 09.10.2020.

Diese Entwicklung verstößt gegen die Idee der aristotelischen Sozialdemokratie nach Nussbaums Verständnis, denn Bildung sollte junge Menschen zu mündigen Bürgern im umfassenden Sinne machen. Besonders bedeutsam ist Nussbaum zufolge die Frage der juristischen Ausbildung, denn die Rechtspraxis kann eine der effektivsten Methoden sein, das öffentliche Leben positiv zu verändern. Für soziale Belange sensibilisierte Anwälte und Richter, die um die wichtige Rolle der Emotionen bei der Urteilsbildung wissen und durch humanistische Bildung die Perspektive des Anderen annehmen und somit deren Argumentationsweise besser nachvollziehen können, können Nussbaum zufolge einen großen Beitrag für die Herbeiführung sozialer Gerechtigkeit leisten. Daher gilt es: „Even when lawyers are not dealing with normative issues, they need to display some standard virtues of the Socratic citizen […]"[213].

Alle Lebensbereiche, die für die Idee der aristotelischen Sozialdemokratie wichtig sind, werden von der übergreifenden Frage der sozialen und distributiven Gerechtigkeit begleitet, die von Nussbaum unter anderem im Kontext der Analyse der Lebensqualität in Entwicklungsländern thematisiert wird.[214] Die postulierte distributive Funktion des Staates, die in der angemessenen, das heißt den Fähigkeiten der einzelnen Bürger entsprechenden Verteilung von Gütern und Ressourcen besteht, weist jedoch ein systemisches Problem auf, das gerade im Falle der Entwicklungsländer von großer Bedeutung ist:

213 Nussbaum, Martha C.: Cultivating Humanity in Legal Education. In: The University of Chicago Law Review 70/1 (2003), S. 265–279, hier: S. 271.

214 Die Problematik der Entwicklungsländer sucht Nussbaum gewissermaßen direkt bei Aristoteles: „[Aristotle] lived, after all, in a developing country, and knew that it was all too easy to be hungry" Nussbaum, Aristotle, Feminism, and Needs for Functioning, a. a. O. 1992, S. 1020. Vgl. auch: „Aristoteles-Interpreten in den wohlhabenden Teilen der Welt vergessen oder überschätzen (…) häufig, wie sehr sich Aristoteles für solche Fragen wie Hunger und Knappheit, Eigentum und seine Verteilung und Umverteilung, Geburtenkontrolle und ihr Verhältnis zur Kargheit interessiert hat". Nussbaum, Die Natur des Menschen, seine Fähigkeiten und Tätigkeiten, a. a. O. 1999, S. 114.

> „(…) die Befähigung der einen [kann] auf Kosten der Befähigung anderer Bürger gehen. Nach ihrem Verteilungsprinzip wäre es etwa undenkbar, staatliche Ausgaben für höhere Bildung zu machen, solange auch nur ein Bürger nicht in ausreichendem Maße mit dem Lebensnotwendigen versorgt ist. Das mag gerecht erscheinen, würde aber niemals ein Entwicklungsland voranbringen“[215].

Durch diesen Einwand kann die Praktikabilität der Idee der aristotelischen Sozialdemokratie infrage gestellt werden. Viel gewichtiger für die hier angestellte Untersuchung ist allerdings die Tatsache, dass diese Idee auf der Ebene philosophischer Begründung angezweifelt werden kann. Man kann nämlich argumentieren, dass Nussbaum ihre politischen Ansichten im Grunde genommen losgelöst von der aristotelischen Fundierung der Ethik formuliert. Ihre politische Philosophie wird dadurch „unphilosophisch“:

> „Her ‚essential‘ Aristotelianism obscures the relationship between human functioning and political functioning. Sexual equality, decent health care for all, and an end to illiteracy are surely laudable political goals, but resistance to them domestically and internationally is philosophically unimportant. Resistance to them is not addresses by, and advocacy of them does not depend on ‚Aristotelian‘ views“[216].

Nussbaums Versuch, in aristotelischer Philosophie die Grundlagen für eine sozialdemokratische Ordnung zu suchen, erscheint auch aus einem anderen Grund zweifelhaft. In der einschlägigen Studie kommt Knoll zum Schluss, dass Nussbaums Aristoteles-Interpretation „zwar originell“ sei, aber nicht überzeugen könne. Bereits Nussbaums Ausgangspunkt sei ein falscher Ansatz. Von einer gemeinsamen Mensch-

215 Gutschker 2002, S. 453.
216 Wallach, Contemporary Aristotelism, a. a. O. 1992, S. 629.

lichkeit ausgehen und dabei den Egalitarismus voraussetzen müsse vor dem Hintergrund, dass Aristoteles Anhänger einer aristokratischen politischen Philosophie gewesen sei und das aristokratische Denken als das „naturgemäße Denken" angesehen habe, mit Skepsis betrachtet werden. Knoll zufolge fußt die von Aristoteles letztlich befürwortete Herrschaft der Besten und Tüchtigsten auf der anthropologischen Annahme, dass Menschen von Natur aus ungleich seien.[217] Der Umstand, dass das aristotelische Naturrecht die Sklaverei unter Verweis auf natürlich gedachte Ungleichheit ausdrücklich rechtfertigt, ist bereits behandelt worden. Nach Knoll hängt das fehlende Gleichheitsgebot damit zusammen, dass der Demokratiegedanke bei Aristoteles nicht die bevorzugte politische Form ist. Dies animiert Knoll zu der These, dass Nussbaum es nicht gelingt zu belegen, dass Aristoteles die politische Partizipation als eine demokratische begreift. Ihre Polis-Interpretation sei deshalb falsch, weil die Verfassung der besten Polis bei Aristoteles eine echte Aristokratie sei.[218]

Vor dem Hintergrund der angesprochenen Einwände erscheint Nussbaums Aristotelismus in der Tat als ein Neoaristotelismus, denn ihre Interpretation ist auf heutige Debatten zugeschnitten und greift nur auf ausgewählte Gedanken von Aristoteles zurück. Abgesehen davon, dass man eine solche Vorgehensweise aus guten Gründen kritisieren mag, ist die Relevanz des Capabilities Approach hierdurch nicht dezimiert. Nussbaums Fähigkeiten-Ansatz ist gerade im Hinblick auf die politische Umsetzung so attraktiv, dass er die benannten Kritikpunkte zu übertrumpfen vermag. Denn, wie Shelley Feldman und Paul Gellert in ihrem Kommentar konstatieren: „In an era when relativism and questions of modernity have unsettled the premises and goals of the development project, and when socialism and its utopian alternatives have been deemed a failure, there is a seduc-

217 „Die Grundüberzeugung des Aristoteles, daß die verschiedenen Arten von Menschen von Natur aus sehr verschieden beschaffen sind, ist die anthropologische Prämisse seiner aristokratischen politischen Gesinnung und seiner aristokratischen politischen Philosophie". Knoll 2009, S. 136.

218 A. a. O., S. 262.

tive quality to the universalism of Martha Nussbaum's central human capabilities approach“[219].

4.2 Exkurs: Der Human Development Index und die Kritik an herkömmlichen Messinstrumenten des Wohlstandes

„People are the real wealth of a nation. The basic objective of development is to create an enabling environment for people to enjoy long, healthy and creative lives. This may appear to be a simple truth. But it is often forgotten in the immediate concern with the accumulation of commodities and financial wealth“[220]. Diesen einführenden Worten von Mahbub ul Haq zu dem ersten *Human Development Report* von 1990 lassen sich die wesentlichen Ideen hinsichtlich der politischen Umsetzung des Capabilities Approach auch heute noch entnehmen. Der lakonische Gedanke, die Menschen seien der wahre Schatz der Nation, legt den Hauptzweck einer nach dem Capabilities Approach ausgerichteten politischen Gemeinschaft fest: Sie hat für die „gute“ Funktionsweise der Menschen und ihr Wohlergehen Sorge zu tragen.[221] Diese Forderung wird von einer Kritik an der unverhältnismäßig großen Fixierung öffentlicher Politik auf das Wirtschaftswachstum begleitet. Dass Staaten hauptsächlich auf das Wirtschaftswachstum setzen und das Wohl der Bürger vor allem unter materiellen Aspekten bewerten, ist nach dem Capabilities Approach ein falscher Ansatz. Vielmehr sollten sich wirtschaftliche Politiken und Theorien am All-

219 Feldman/Gellert, The Seductive Quality of Central Human Capabilities, a. a. O. 2006, S. 423 f.

220 United Nations: Defining and Measuring Human Development, S. 9.

221 Im Anschluss an Mahbub ul Haq betont Nussbaum, dass die Implementierung des Capabilities Approach primär auf nationaler Ebene geschehen soll: „The nation is not just a convenient starting place: it has moral importance. Nations – reasonably democratic ones, at any rate – are systems of principles and laws that have their ultimate source in the people“. Nussbaum 2011, S. 113.

tag messen lassen und die Tatsache in Betracht ziehen, dass Menschen vor allem eines wollen: ein menschenwürdiges Leben. Dieses Ziel lässt sich grundsätzlich nicht mit schnellem Wirtschaftswachstum erreichen, denn oft sind Barrieren politischer, sozialer und struktureller Art, die im Wege stehen. Bei dem Indikator Bruttoinlandsprodukt wird zudem der Frage nach der Verteilungsgerechtigkeit bezüglich Distribution von Ressourcen und Macht keine Beachtung geschenkt.

Diese Problematik entfaltet im Kontext der so genannten Entwicklungsländer eine besondere Relevanz.[222] Die extrem ungleiche Verteilung ist neben dem niedrigen Bruttonationaleinkommen das Hauptmerkmal eines Entwicklungslandes. Zu den indogenen („hausgemachten") Merkmalen gehören die niedrige Spar- und Investitionstätigkeit, unzureichende Infrastruktur, fehlende bzw. qualitativ schlechte Schulbildung, hohe Arbeitslosigkeit und unzureichende Ernährung. Die exogenen, d. h. die im Zusammenhang mit außenwirtschaftlichen Beziehungen stehenden Merkmale, betreffen die hohe Abhängigkeit von Industrieländern, einseitiges Exportangebot, ungünstige Handelsbedingungen oder hohe Auslandsverschuldung. Zudem haben Entwicklungsländer oft mit ökologischen Problemen, risikoreicher Bevölkerungsentwicklung und hoher Migration zu kämpfen. Soziokulturelle Hemmnisse können weitere Störfaktoren sein.[223] Politische Merkmale, zu denen die Verletzung von Menschen-

222 Der Begriff „Entwicklungsländer" (eng. „developing countries") wird heute in offiziellen Berichten der Vereinten Nationen als Folge der Kritik von Seiten des schwedischen Ökonomen Gunnar Myrdal, er unterstelle in unangemessen optimistischer Weise, dass ein Land sich tatsächlich entwickele, gemieden. Aus diesem Grund hat sich mittlerweile der Begriff „am wenigsten entwickelte Länder" (engl. „least developed countries - LDC") durchgesetzt. Einige ihrer Merkmale treffen auch für so genannte Schwellenländer (eng. „newly industrializing economies") sowie (heute nur noch bedingt) für die Transformationsländer des ehemaligen Ostblocks zu. Vgl. Andersen, Uwe: Entwicklungsdefizite und mögliche Ursachen. In: Bundeszentrale für politische Bildung. Entwicklung und Entwicklungspolitik, Informationen zur politischen Bildung Nr. 286 (1/4), Bonn 2005, S. 7–21, hier: S. 7.

223 Es gibt diverse Entwicklungstheorien, die das Hauptaugenmerk auf eine bestimmte Kategorie von Ursachen für das fehlende Entwicklungspotenzial rich-

rechten, autoritäre Strukturen, Korruption oder bürgerkriegsähnliche Zustände gehören, lassen sich ähnlich wie die übrigen Merkmale mit rein ökonomischen Indikatoren kaum messen.

Die obige Aufzählung zeigt, wie vielfältig und komplex Probleme von Entwicklungsländern sein können. Zahlreiche inkommensurable Faktoren können Auswirkungen auf den Lebensstandard haben. Politische Ziele und Umsetzungsstrategien müssen aber neben der Konkretisierung des Entwicklungsbegriffes auch die Möglichkeit voraussetzen, den Entwicklungsstand des Landes sowie die Lebensqualität seiner Einwohner zu messen. Es bedarf daher möglichst präziser Messinstrumente, um die Folgen einer praktischen Menschenrechts- und Entwicklungspolitik zu prognostizieren und zu prüfen. Die Notwendigkeit der Evaluierung der Lebensqualität wirft zahlreiche Fragen auf, mit denen sich die Entwicklungsforschung konfrontiert sieht. Vor diesem Hintergrund ist es nachvollziehbar, dass es mehrere in Konkurrenz zueinander stehende Modelle zur Messung der Lebensqualität gibt. Zu den klassischen Indikatoren gehören, wie bereits erwähnt, das **Wirtschaftswachstum** sowie das Bruttoinlands- bzw. das Bruttosozialprodukt. Es sind Messinstrumente von rein ökonomischer Natur, welche das Augenmerk auf die Gesamtmenge der in einer Volkswirtschaft produzierten Dienstleistungen und Waren richten. Einem weiteren Indikator liegt das so genannte Nützlichkeitskriterium zugrunde. Das Verfahren zielt auf die Ermittlung und Auswertung subjektiver **Zufriedenheit** ab. Eine noch weitere Möglichkeit, das Wohlergehen der Bürger zu messen, stellt der so genannte **Ressourcen-Ansatz** dar, der sowohl das Einkommen als auch die Vermögensverteilung unter Bürgern berücksichtigt. Nussbaum zufolge greift die Konzentriertheit auf die formale Verteilung von Ressourcen insofern zu kurz, dass sie ungleichen Bedürfnissen der einzelnen

ten, wie etwa Modernisierungstheorie, Dependenztheorie, Geodeterminismustheorie oder Imperialismustheorie. Eine historisch sensible Übersicht von Entwicklungstheorien ist zu finden in: Fischer, Karin (Hrsg.): Klassiker der Entwicklungstheorie. Von Modernisierung bis Post-Development. Wien: Mandelbaum 2008.

Bürger ungenügend Rechnung trägt. Ferner ist im Ressourcen-Ansatz ein deutlicher Fokus auf den wirtschaftlichen Aspekt zu erkennen, der Menschen nicht als Zwecke an sich erscheinen lässt. Vielmehr werden sie als Kapital anhäufende Individuen begriffen, die ihr Wohlergehen primär in materiellen Kategorien betrachten. Aus diesem Grund wurde der Ressourcen-Ansatz bereits im Human Development Report von 1990 einer deutlichen Kritik unterzogen:

> „Theories of human capital formation and human resource development view human beings primarily as means rather than as ends. They are concerned only with the supply side – with human beings as instruments for furthering commodity production. True, there is a connection, for human beings are the active agents of all production. But human beings are more than capital goods for commodity production. They are also the ultimate ends and beneficiaries of this process. Thus, the concept of human capital formation (or human resource development) captures only one side of human development, not its whole."[224]

Trotz der Kritik an den Herangehensweisen, die materielle Güter in den Vordergrund stellen, lässt sich nicht verkennen, dass es vor allem Beschäftigung und Einkommen sind, die Menschen weltweit von ihren Regierungen erwarten. Ein wachsendes Bruttoinlandsprodukt ist eine notwendige Bedingung für die Entwicklung. Nussbaum und andere Vertreter des Capabilities Approach ignorieren diese Tatsache nicht. In *Women and Human Development* schreibt Nussbaum deshalb:

> „(...) there are issues affecting all citizens that are left in a state of relative neglect when growth becomes the sole target. On the other hand, we should not demonize the pursuit of economic growth, which does play a role in the well-being of citizens"[225].

224 United Nations 1990, S. 11.
225 Nussbaum 2000, S. 33.

Diese Einsicht entkräftet die Forderung, die Politik solle sich nicht primär am Wirtschaftswachstum orientieren, in keiner Weise, denn viele Lebensbereiche stehen in keinem direkten Zusammenhang mit der Steigerung des Bruttoinlandsproduktes, die von Regierungen gewöhnlich zum Hauptziel der Politik erklärt wird. Bei den Entwicklungsländern kommt die Problematik hinzu, dass ihre ökonomische Stärke oft zu großem Teil von ausländischen Investitionen beeinflusst ist, deren Gewinne nur zu einem geringen Prozentsatz in den staatlichen Haushalt einfließen. Die Konsequenz ist, dass das nominell hohe ökonomische Wachstum die Lebenssituation der Menschen mit geringem Einkommen nur bedingt verbessert. Dabei nehmen demokratisch nicht legitimierte multinationale Unternehmen einen immer größeren Einfluss auf Politik und Wirtschaft, wodurch sich die Frage nach der globalen Gerechtigkeit neu stellt. Aus diesen Gründen wird die Angabe des Bruttoinlandsprodukts als Gradmesser für die Lebensqualität den gesellschaftlichen Realitäten nicht gerecht. In dieser Hinsicht wäre etwa, so Nussbaum, das durchschnittliche Haushaltseinkommen bereits ein besserer Indikator, denn dabei wird zumindest der Gewinnexport ins Ausland entsprechend berücksichtigt.

Die Messung eines bestimmten Bereiches menschlichen Lebens wirft methodische Fragen auf. Das zeigt sich im Bildungswesen, dessen Qualität mit Hilfe der Indikatoren gemessen werden kann, die sich voneinander erheblich unterscheiden. Eine der möglichen Bemessungsgrundlagen ist die Gesamtanzahl der Schuljahre, die Bürger im Rahmen der allgemeinen Schulpflicht absolvieren müssen. Die Bildungsdauer kann als ein statistischer Anhaltspunkt für die Qualität der Bildung dienen, allerdings beantwortet sie die Frage nicht, wozu Menschen nach ihrem Schulabschluss tatsächlich befähigt sind. Wollte man dieser Frage genauer nachgehen, dann müsste der Fokus eher auf die Qualität des Unterrichts gelenkt werden, was jedoch die Evaluierung vor Schwierigkeiten stellt – Standardtests und rein quantitative Messinstrumente greifen zu kurz. Dementsprechend werden im Human Development Index neben dem Bruttoinlandsprodukt zwei weitere Größen berücksichtigt, nämlich Bildung und Lebenserwartung. Der Bildungsstand wird nach der durchschnittlichen Anzahl der abgeschlossenen bzw. im Falle von Kindern voraussichtlichen Schuljahre ermittelt. Aus dem Lebenserwartungsindikator sollen Rückschlüsse für die Qualität der Gesundheitsfürsorge gezogen werden:

> „The use of life expectancy as one of the principal indicators of human development rests on three considerations: the intrinsic value of longevity, its value in helping people pursue various goals and its association with other characteristics, such as good health and nutrition."[226]

Im Laufe der Jahre wurden drei neue Entwicklungskriterien definiert, die im Human Development Report Berücksichtigung finden. Erstens wird nun die wirtschaftliche Ungleichheit innerhalb eines Landes genauer untersucht (eng. „Inequality-adjusted Human Development Index"), zweitens die geschlechtsspezifische Ungleichheit (eng. „Gender-related Development Index"), und drittens die multidimensionale Armut (engl. „Multidimensional Poverty Index"). Mit dem letztgenannten Index werden (ganz im Sinne des Capabilities Approach) Menschen erfasst, deren finanzielle Mittel die von der UNO definierte Armutsgrenze (1,25 US-Dollar pro Tag) zwar übersteigen, die aber keinen angemessenen Zugang zu Bildung und Gesundheitsfürsorge haben.

Der Human Development Index versteht sich vornehmlich als eine Alternative für die am materiellen Wohlstand orientierten Pauschalindikatoren. Nussbaum argumentiert zum einen, dass die finanziellen Mittel nicht allein über das Menschenglück entscheiden, zum anderen, dass das Bruttoinlandsprodukt die Lebensqualität der Einzelbürger nur ungenau widerspiegelt. Dass der „GDP Approach" problematisch ist, lässt sich leicht exemplifizieren. In der Auflistung der

226 United Nations, Defining and measuring human development, a. a. O. 1990, S. 11.

Staaten nach dem Pro-Kopf-Einkommen des Internationalen Währungsfonds für das Jahr 2011 nahm Katar den zweiten, im Jahre 2020 den fünften Platz ein.[227] Katars politisches System kennt keinen Parteienpluralismus, eine Volksversammlung in Form eines Parlaments ist nicht vorhanden. Die politischen Freiheiten sind in hohem Grade eingeschränkt. Es herrscht keine Religionsfreiheit, die Abkehr vom Islam, der Staatsreligion, steht unter Strafe.[228] Das Internet unterliegt der Zensur, wodurch das Recht auf freie Meinungsäußerung eingeschränkt ist. Homosexuelle Handlungen sind in Katar untersagt, Frauen haben oft Schwierigkeiten eine Scheidung zu erwirken und sind vor häuslicher Gewalt rechtlich nicht ausreichend geschützt. Das Katar-Beispiel zeigt, dass die bloße Angabe des Bruttoinlandsprodukts pro Kopf über die Freiheiten und Rechte und das damit zusammenhängende Wohlergehen der Bürger wenig aussagt. Außerdem muss sich der Indikator der Frage der distributiven Gerechtigkeit stellen, denn die wertfreie per capita-Berechnung möglicherweise erhebliche Disparitäten zwischen einzelnen Bevölkerungsschichten verschleiert. So leben in Katar zahlreiche ausländische Arbeitskräfte (beinah 90 % der Gesamtbevölkerung), die zur Wirtschaftsstärke des Landes wesentlich beitragen. Es handelt sich um oft schlecht bezahlte Gastarbeiter, die keinen Zugang zum staatlichen Gesundheitssystem haben.

Die Knappheit öffentlicher Gelder gekoppelt mit der Vernachlässigung der Verteilungsgerechtigkeit durch die Politik hat zur Folge, dass die Armen vom Wirtschaftswachstum wenig profitieren, wodurch ihre Verwirklichungschancen signifikant gering bleiben. Nussbaum betont in dieser Hinsicht die Bedeutung einer guten politischen Pra-

227 International Monetary Fund: World Economic Outlook Database. URL: https://www.imf.org/external/pubs/ft/weo/2019/02/weodata/index.aspx, zuletzt abgerufen am 06.10.2020.

228 Die Nichtregierungsorganisation „Freedom House“ stufte Katar als „nicht frei“ ein und vergab dem Land 2011 den Wert 6 auf einer Skala von 1 bis 7, wobei 7 die schlechteste Bewertung der politischen Freiheit ist. Auch im Jahr 2020 wird das Land als „nicht frei“ klassifiziert. URL: https://freedomhouse.org/country/qatar/freedom-world/2020, zuletzt abgerufen am 05.10.2020.

xis, die mit direkten staatlichen Maßnahmen operieren muss. Sie argumentiert, dass das Wirtschaftswachstum selbst keine Verbesserung des Gesundheits- und Bildungssystems und somit keine Steigerung der Lebensqualität herbeiführt. Am Beispiel Indiens zeigt sie, dass es zwischen den beiden Größen keine notwendige Korrelation gibt, denn während der nördliche Teil Indiens gute Zahlen im Hinblick auf das Wirtschaftswachstum vorweisen kann, schneidet er bei der Alphabetisierungsrate und Gesundheitsfürsorge schlechter ab als der südliche Teil des Landes, wo das Wirtschaftswachstum geringer ist. Die erfolgreiche Umsetzung von *Good Governance* im Gesundheitswesen hat in Südindien trotz der schwachen Wirtschaftskraft dieser Region bewirkt, dass die Qualität der Gesundheitsfürsorge heute mit der von New York vergleichbar ist.[229]

Obgleich an dem hier erörterten Human Development Index vielfach bemängelt wird, er berücksichtige die ökologischen Faktoren und das Kriterium der Nachhaltigkeit nicht, ist trotz möglicher Einwände festzuhalten, dass dieser Indikator im Hinblick auf die praktische Umsetzung der Idee des Capabilities Approach einen erheblichen Vorteil mit sich bringt, da die für den Capabilities Approach besonders relevanten Bildungs- und Gesundheitsaspekte von diesem Index erfasst werden. Ein beachtlicher Nachteil des Human Development Index ist allerdings kaum zu übersehen. Der Index zeigt die Lebensqualität nur auf nationaler Ebene, regionale oder globale Messgrößen kommen nicht zur Anwendung. Aus diesem Grund können aus diesem Index keine Empfehlungen bezüglich eines Verpflichtungspos-

229 Vgl. Flavia Pansiere, eine der Autorinnen des Human Development Report für das Jahr 2010: „Gesundheit, Bildung, demokratische Teilhabe und gerechte Verteilung sind auch bei geringem Wirtschaftswachstum möglich – und die Länder mit den größten Fortschritten bei der menschlichen Entwicklung sind oft diejenigen ohne rasantes Wirtschaftswachstum, aber mit gutem öffentlichem Gesundheits-, Sozial- und Bildungssystem". Zitiert nach dem Artikel vom 6. Dezember 2010 „Entwicklung braucht wenig Wachstum" in der Badischen Zeitung. URL: http://www.badische-zeitung.de/ausland–1/entwicklung-braucht-wenig-wachstum--37423773.html, zuletzt abgerufen am 05.10.2020.

tulats für wohlhabendere Länder, Verwirklichungschancen in ärmeren Ländern zu fördern, abgeleitet werden.

Von Beginn der Entstehung des Fähigkeitenansatzes an hob Nussbaum das Erfordernis einer ständigen **Suche nach geeigneten Indikatoren** hervor, die dem Grundgedanken des Capabilities Approach, Verwirklichungschancen zu ermitteln und zu fördern, am ehesten gerecht werden. Unter direktem Einfluss des von ihr und Sen vertretenen Entwicklungsansatzes erschien im Jahre 2010 ein Bericht der vom französischen Präsidenten einberufenen *Commission sur la mesure des performances économiques et du progrès social*, in dem die wichtigsten Einsichten des Capabilities Approach aufgegriffen wurden. Der Bericht wies unter anderem darauf hin, dass Profite aus ausländischen Investitionen oftmals nicht das durchschnittliche Haushaltseinkommen erhöhten und eine Steigerung der Lebensqualität von Frauen oder eine Verbesserung des Gesundheits- und Bildungssystems bei fehlenden direkten Maßnahmen von Seiten des Staates nicht zu erwarten seien. In Bezug auf reale Verwirklichungschancen der Frauen fanden sich im französischen Bericht Anmerkungen zur nicht vergüteten Hausarbeit, in deren Rahmen Güter und Dienstleistungen, die andernfalls Teil eines profitorientierten Wirtschaftskreislaufes wären, erwirtschaftet werden. Die Autoren schlugen vor, dass Hausarbeit, die trotz ihres marktunabhängigen Charakters nicht selten mit erheblicher Wertschöpfung verbunden ist, durch Indikatoren der Lebensqualität mit erfasst werden sollte. Dies ist eine Forderung, die dem feministischen Ansatz des Nussbaumschen Capabilities Approach unmittelbar entspricht.[230]

230 Der Bericht ist in Buchform erschienen: Fitoussi, Jean Paul/Joseph Stiglitz/Amartya Sen: Mismeasuring Our Lives. Why GDP Doesn't Add Up. The New Press, New York 2010. Der Genuine Progress Indicator (GPI), der auf Grundlage des alten Index des nachhaltigen wirtschaftlichen Wohlstands entstanden ist, berücksichtigt die Bedeutung der unbezahlten Arbeit im besonderen Maße. Vgl. Leo, Mira u. Pascal Kraft: „Die Verwandlung“: Ringen um einen neuen Wohlstandsbegriff. Löst der Genuine Progress Indicator (GPI) die ökologische und feministische Kritik am Bruttoinlandsprodukt (BIP) auf?, in: Exploring Econo-

Zu vergleichbaren Erkenntnissen kam die Enquete-Kommission des 17. Deutschen Bundestages „Wachstum, Wohlstand, Lebensqualität – Wege zu nachhaltigem Wirtschaften und gesellschaftlichem Fortschritt in der Sozialen Marktwirtschaft“. Martha C. Nussbaum hatte an einer Expertenanhörung des Bundestages teilgenommen, im Schlussbericht der Kommission, der eine ausführliche Analyse zur Operationalisierung unterschiedlicher Instrumente zur Messung der Lebensqualität einschließlich des Capabilities Approach enthält, wird vielfach auf ihren Ansatz Bezug genommen. Der durch die Kommission entwickelte Indikatorensatz deckt die Hauptbereiche „materieller Wohlstand“, „Soziales und Teilhabe“ sowie „Ökologie“ (so genannte W3-Indikatoren) und umfasst 10 Leitindikatoren, die im Human Development Index zum großen Teil nicht abgebildet waren, nämlich: Bruttoinlandsprodukt, Einkommensverteilung, Staatsschulden, Beschäftigung, Bildung, Gesundheit, Freizeit, Treibhausgase, Stickstoff, Artenvielfalt. Anders als die Indikatoren der französischen Stiglitz-Sen-Fitoussi-Kommission, die in den 2010er Jahren sowohl von der OECD als auch vom Eurostat adoptiert wurden, wurde das elaborierte Messinstrument der Enquete-Kommission lediglich punktuell (beispielsweise im deutschen Gesundheitswesen) angewendet. Kritische Stimmen zur ausbleibenden Anwendung des Indikatorensatzes wurden bereits kurz nach Veröffentlichung des Schlussberichts laut.[231]

Die ständige Suche nach Indikatoren, die sowohl auf staatliche Bestrebungen wie in Frankreich und Deutschland als auch auf Initiativen seitens Nichtregierungsorganisationen betrieben wird, lässt nicht nach. Im Jahre 2013 wurde auf Grundlage der Arbeiten von Douglass North, Amartya Sen und Joseph Stiglitz der „Social Progress Index“ entwickelt, der inzwischen von der Europäischen Kommission als Messinstrument für den sozialen Fortschritt innerhalb der

mics, URL: https://www.exploring-economics.org/de/entdecken/die-Verwandlung-neuer-Wohlstandsbe/, zuletzt abgerufen am 08.10.2020.

231 Vgl. etwa Inga Michler: Die Regierung ignoriert die teure Glücksformel, in Welt Online, URL: https://www.welt.de/wirtschaft/article127460986/Die-Regierung-ignoriert-die-teure-Gluecksformel.html, zuletzt abgerufen am 08.10.2020.

EU erprobt wird. Ein weiteres weltweit beachtetes Messinstrument für den Lebensstandard stellt der im Königreich Bhutan entwickelte Bruttonationalglück-Index (*Gross National Happiness Index*), der in den letzten Jahren durch theoretische Arbeiten sowie statistische Auswertungen auf Grundlage landesweiter Befragungen weiterentwickelt worden ist. Die Messung des Bruttonationalglücks folgt der in der Verfassung von Bhutan verankerten Zielsetzung des Staates, das Glück der Allgemeinheit zu fördern.[232] Der Index umfasst neun Lebensbereiche, nämlich psychologisches Wohlbefinden, Gesundheit, Zeitnutzung, Bildung, kulturelle Diversität und Stabilität, Good Governance, zivilgesellschaftlicher Zusammenhalt, ökologische Diversität und Stabilität sowie Lebensstandard. Diese werden mit Hilfe von 33 Einzelindikatoren mit insgesamt 124 Variablen analysiert, wobei die Einzelindikatoren innerhalb der Lebensbereiche prozentual unterschiedlich gewichtet sind. Mit seinem ganzheitlichen Charakter folgt der Index den Grundlagen des Fähigkeitenansatzes und versteht sich ausdrücklich als ein Gegenmodell zum „GDP Approach". Vor diesem Hintergrund verwundert es nicht, dass Sabina Alkire, die zu Martha C. Nussbaum und Amartya Sen forscht und in der *Human Development and Capability Association* eine der profiliertesten Autorinnen ist, bei der umfassenden Analyse des Bruttonationalglück-Index mitgewirkt hat.[233]

Auffallend ist die Berücksichtigung des psychologischen Wohlbefindens, das sich explizit in kaum einem anderen Index zur Messung der Lebensqualität findet. Dabei stellt sich das Problem der adaptiven Präferenzen und des damit zusammenhängenden möglichen Defizits an Handlungsfreiheit des Einzelnen. Alkire argumentiert unter Berufung auf Sen, dass es legitim sei, Funktionsweisen (*Functionings*) in

232 In Artikel 9 der Verfassung heißt es übersetzt: „Der Staat hat die Pflicht, die Bedingungen zu fördern, um das Streben nach Bruttonationalglück zu ermöglichen".

233 Alkire, Sabina; Wangdi, Karma; Zangmo, Tshoki (2012). An extensive analysis of GNH index, hrsg. v. Centre for Bhutan Studies, Thimphu.

die Messung der Lebensqualität einzubeziehen.[234] Sie sieht das Problem eher darin, dass im Bruttonationalglück objektive mit subjektiven Messgrößen vermischt würden. Bei dem Versuch, die Lebensqualität umfassend erfassen und messen zu wollen, lassen sich derartige systematischen Hürden offenkundig nicht vermeiden. Umso mehr gilt das Nussbaumsche Diktum nach stetiger Verfeinerung der Indizes und Weiterentwicklung der Ökonometrie im Dienste der Entwicklungsethik.

4.3 Der Gedanke globaler Gerechtigkeit

Der Capabilities Approach ist im Kontext der internationalen Entwicklungspolitik entstanden, die sich der Verbesserung der Lebensqualität in ärmeren Ländern widmet. Nussbaum argumentiert, dass sich der Ansatz ebenfalls für wohlhabendere Länder anwenden lässt, denn in allen Völkern wird nach menschenwürdigem Leben gerungen. Alle Länder sind in gewissem Sinne Entwicklungsländer, denn die Fragen der menschlichen Entwicklung stellen sich überall. Die politische Partizipation ist auch in Industrieländern mit demokratischen Systemen nicht selbstverständlich, sondern muss gepflegt und unter Umständen immer wieder neu erkämpft werden. Ferner sind in Industrieländern Migrantengruppen und andere Minderheiten oft benachteiligt. Häusliche Gewalt, fehlender Zugang zum Gesundheitssystem, geringe Bildungschancen oder etwa Polizeigewalt sind auch im reichsten Land der Welt, den Vereinigten Staaten von Amerika,

234 „The decision to include psychological wellbeing as a dimension in the GNH is integral to its very definition, and so was not problematic in our view. Sen 2009 argues that satisfaction with one's life can be seen as an important functioning alongside other functionings, and Stiglitz, Sen and Fitoussi (2009a, b) similarly argue that subjective wellbeing is one of the dimensions of quality of life. If it is understood as an intrinsically important functioning and if the indicators." – a. a. O., S. 20.

ein großes Thema. Im Hinblick auf die Diskriminierung von Frauen bemerkt Nussbaum:

> „Ich würde nicht behaupten wollen, die westlichen Nationen hätten das Problem der Geschlechterdiskriminierung gelöst. Im Bereich der Bildungsmöglichkeiten wurden Fortschritte erzielt, aber es gibt keine Anzeichen für eine Verringerung der Gewalttaten gegen Frauen, vor allem nicht im häuslichen Bereich. Die USA sind in der Statistik häuslicher Gewalt mit an der Spitze, und für die betroffenen Frauen sind diese Taten eine schwere Beeinträchtigung. Wenn eine Frau von ihrem Ehemann geschlagen wird, bedeutet das auch eine schwere Beeinträchtigung ihres Arbeitslebens. Die Anzahl der Vergewaltigungen ist in Amerika nach wie vor sehr hoch. Außerdem gibt es sehr viel mehr Diskriminierung am Arbeitsplatz, wenn Frauen gleich gut qualifiziert sind".[235]

Der Capabilities Approach geht über die Analyse sozialer Gerechtigkeit in einzelnen (ob armen oder reichen) Nationen hinaus. In *Frontiers of Justice* unternimmt Nussbaum den ausdrücklichen Versuch, den Fähigkeiten-Ansatz zu internationalisieren.[236] Die Grundfähigkeiten mit ihrem Universalitätsanspruch sollten unabhängig vom Geburtsort des Menschen verwirklicht werden. Aus diesem Grundgedanken ergibt sich das politische Ziel, eine globale Gerechtigkeit anzustreben. Die Verteilung des Wohlstandes zwischen den beiden Hemisphären stellt den Ausgangspunkt dar. Die praktische Umsetzung der Idee der Menschenrechte könnte im globalen Ausmaß durch

235 Interview für Cicero, 20. Dezember 2006. URL: http://www.cicero.de/weltb%C3%BChne/amerika-ist-nicht-bereit-f%C3%BCr-eine-pr%C3%A4si dentin/37727, zuletzt abgerufen am 05.10.2020.

236 Nussbaum, Martha C. (2006): Frontiers of Justice. Disability, Nationality, Species Membership, Cambridge (Mass.): Harvard University Press. Deutsche Übersetzung: Nussbaum, Martha C. (2010): Die Grenzen der Gerechtigkeit. Behinderung, Nationalität und Spezieszugehörigkeit, Berlin: Suhrkamp.

die wirtschaftliche Förderung ärmerer Regionen der Welt begünstigt werden. Allgemein wird angenommen, dass grundlegende Chancen im Leben wegen der Zugehörigkeit zu einer bestimmten Rasse oder sozialen Klasse nicht eingeschränkt sein dürfen. Genauso wenig sollten Nussbaums Meinung nach diese Chancen dadurch behindert werden, dass eine Person zufällig das Unglück hatte, in einem armen Land geboren zu werden. Diese Überzeugung hängt mit Nussbaums anthropologischem Argument zusammen: Es ist unmittelbar der aristotelische Essentialismus, der die „Grundlage für eine globale Ethik und eine im umfassenden Sinne internationale Begründung der Verteilungsgerechtigkeit“[237] liefert.

Die Idee globaler Gerechtigkeit ist im 21. Jahrhundert zu einem viel diskutierten Themenfeld in der Politischen Philosophie geworden.[238] Diese Entwicklung hängt mit der neuartigen Situation zusammen, in der sich die Nationalstaaten zum ersten Mal in ihrer Geschichte befinden. Die im Zuge der Globalisierung und des technologischen Fortschritts zunehmende Interdependenz wirft theoretische Fragen nach dem Status staatlicher Ordnungen und nach gemeinsamer Verantwortung in relevanten Bereichen der Politik auf. Peter Singer, auf den Nussbaum rekurriert, nennt in seiner Monographie *One World* vier solche Bereiche: Klimawandel, Weltwirtschaft, Internationalisierung des Rechts, und die Herausbildung der so genannten internationalen Gemeinschaft. Eines seiner vielen Beispiele für die Bedeutsamkeit des globalen Integrationsprozesses ist folgendes:

> „The average American, by driving a car, eating a diet rich in the products of industrialized farming, keeping cool in summer and warm in winter, and consuming products at a hitherto unknown rate, uses more than fifteen times as much of the

237 Nussbaum, Menschliches Tun und soziale Gerechtigkeit, a. a. O. 1995, S. 323–361, hier: S. 327.

238 Vgl. unter anderem den Sammelband.: Broszies, Christoph/Henning Hahn (Hrsg.): Globale Gerechtigkeit. Schlüsseltexte zur Debatte zwischen Partikularismus und Kosmopolitismus, Frankfurt am Main: Suhrkamp 2010.

global atmospheric sink as the average Indian. Thus Americans, along with Australians, Canadians, and to a lesser degree Europeans, effectively deprive those living in poor countries of the opportunity to develop along the lines that the rich ones themselves have taken“[239].

Nussbaums Ansichten zum Thema globale Gerechtigkeit, die auf den ersten Blick denen Singers nicht weit entfernt sind[240], könnten dem minimalistischen Ansatz von John Rawls gegenübergestellt werden. Liberale Gerechtigkeitstheorien fokussieren meist auf den Nationalstaat, was für Rawls' berühmte Konzeption der „Gerechtigkeit als Fairness“ ebenfalls zutrifft. Nussbaum betont hingegen: „Der Fähigkeiten-Ansatz ist nicht auf Nationalstaaten beschränkt, wie der Ansatz des Gesellschaftsvertrages dies traditionell gewesen ist“[241].Im Mittelpunkt der Rawlsschen Vertragstheorie stehen liberaldemokratische politische Gemeinschaften. Eine über den Nationalstaat hinausgehende Gerechtigkeitstheorie wurde von Rawls separat, das heißt unabhängig von der Ausarbeitung der „Grundstruktur“ der Gesellschaft, erst in seinem Werk *The Law of Peoples* behandelt. Darin distanziert sich Rawls von der **Idee des Globalismus** bzw. Kosmopolitanismus mit diesen Worten:

„[Dem Kosmopolitanismus] geht es um das individuelle Wohlergehen und deshalb darum, ob das Wohlergehen der global am

239 Singer, Peter (2002): One World. The Ethics of Globalization, Yale University Press, S. 31.

240 „We're citizens of a whole world order. We're not just members of one family, town or nation, but of the whole world. We're increasingly interdependent on important issues such as the environment, so there are now even stronger reasons for seeing oneself as cosmopolitan than there were in the days of the Stoic. We can't escape from the fact that what we do affects lives on the other side of the world“. „An Interview with Martha Nussbaum“. In: Philosophy for Life, URL: https://www.philosophyforlife.org/blog/an-interview-with-martha-nussbaum, zuletzt abgerufen am 05.10.2020.

241 Nussbaum, Langfristige Fürsorge und soziale Gerechtigkeit, a. a. O. 2003, S. 195.

> wenigsten begünstigten Person verbessert werden kann. Worauf es dem Recht der Völker ankommt, ist die Gerechtigkeit und Stabilität von liberalen und achtbaren Gesellschaften, die als Mitglieder einer Gesellschaft wohlgeordneter Völker leben, aus den richtigen Gründen".[242]

Rawls beschränkt sich auf die Ausarbeitung der Prinzipien der internationalen Gerechtigkeit, das heißt der Gerechtigkeit, die zwischen völkerrechtlichen Subjekten anzustreben ist. Der Gedanke globaler Gerechtigkeit wird von ihm verworfen. Rawls spricht lediglich von einer Unterstützungspflicht wohlgeordneter Völker, belasteten Völkern bei der Konstituierung funktionstüchtiger (achtbarer bzw. liberaler) Institutionen zu helfen. Aufgrund seines sichtbar bescheidenen Ansatzes musste Rawls, wie Stefan Gosepath bemerkt, eine Kritik von Seiten der Kosmopolitisten hinnehmen, die „eine Staaten und Gesellschaften übergreifende globale Gerechtigkeit fordern und Rawls vorwerfen, seine ‚alten' Prinzipien für den innergesellschaftlichen Fall nicht konsequent auf den übergesellschaftlichen Fall zu übertragen"[243].

Nussbaums Verständnis weicht von dem Rawlsschen ab. Der Capabilities Approach ist mit seinem Universalitätsanspruch grenzüberschreitend und an jede staatliche Ordnung gerichtet.[244] Nach dem Fähigkeiten-Ansatz könnten hierarchische Völker nicht als „achtbar" bezeichnet werden, weil sie eine zu niedrige Schwelle sozialer Gerechtigkeit erreicht haben. Außerdem befürwortet der Capabilities Approach Instrumente globaler Gerechtigkeit, die weitreichender sind als Rawls' Unterstützungspflicht. Unter Verweis auf Peter Singer ver-

242 Rawls, John (2002): Das Recht der Völker, Berlin: Walter de Gruyter, S. 149.

243 Gosepath, Stefan: John Rawls. Gerechtigkeit für eine pluralistische Gesellschaft. In: Ansgar Beckermann/Dominik Perler (Hrsg.): Klassiker der Philosophie heute, Stuttgart: Reclam 2010, S. 811–830, hier: 828.

244 „The aim of the project [capability theory] as a whole is to provide the philosophical underpinning for an account of basic constitutional principles that should be respected and implemented by the governments of *all* nations, as a bare minimum of what respect for human dignity requires". Nussbaum 2000, S. 5. Hervorhebung des Verfassers.

tritt Nussbaum die Meinung, dass eine globale Verteilung von Pflichten legitim sei. Dementsprechend sollten reichere Nationen einen jeweils angemessenen Beitrag zugunsten benachteiligter Nationen leisten, vor allem zugunsten so genannter Entwicklungsländer, die einst ihres eigenen industriellen Wachstums und ihrer eigenen natürlichen Ressourcen durch koloniale Ausbeutung beraubt wurden. Solche globale Redistribution, die unter anderem durch den losen Zusammenschluss von Entwicklungsländern, die Gruppe der 77, angestrebt wird, könnte, so gesehen, eine Art Wiedergutmachung bedeuten. Philanthropie, die von vielen Liberalen und Utilitariern befürwortet wird, ist nach dem Capabilities Approach hingegen kein geeignetes Instrument für die Herbeiführung einer globalen Gerechtigkeit, weil die Rolle demokratisch legitimierter Institutionen dadurch vernachlässigt wird. Wenn große Hilfs- und Entwicklungsorganisationen (wie etwa Oxfam) viel an Einfluss gewinnen, dann kann es zu einer Situation kommen, in der die „globale Elite der gebenden Hand" mehr Macht besitzt als demokratisch gewählte Regierungen.

Vor dem Hintergrund der „vagen" Theorie des Guten stellt sich die Frage, ob Nussbaum einen starken Kosmopolitismus nach Singers Verständnis überhaupt vertreten könnte. Die Frage ist differenziert zu betrachten, weil in Nussbaums Texten teilweise widersprüchliche Aussagen zu finden sind. Es ist jedenfalls festzuhalten, dass Nussbaum die Bedeutung staatlicher Ordnungen betont und der Idee eines Weltstaates prinzipiell abgeneigt ist:

> „A world state, however, is probably a bad idea. It would be unlikely to have the type of accountability we think the government of a state ought to have. The EU is not a good harbinger in this respect, and the United Nations is a positive disaster when it comes to accountability of representatives to the entirety of a

> people. Even if those problems could be overcome, a world state would probably flatten differences too much“[245].

Die Ablehnung des politischen Kosmopolitanismus, der globalen Institutionen mehr Verantwortung zuweisen will, geht auf Nussbaums Verteidigung der **Idee der Volkssouveränität** zurück.[246] Nussbaum argumentiert, dass Volkssouveränität ein Ausdruck menschlicher Freiheit ist: Einzelne Völker sollten frei darüber entscheiden, wie sie ihre Anliegen regeln wollen. Militärische oder ökonomische Sanktionen sind nur in bestimmten schwerwiegenden Fällen wie Verbrechen gegen die Menschlichkeit oder Völkermord zulässig.[247]

Diese vor dem Hintergrund des Universalitätsanspruches des Fähigkeiten-Ansatzes überraschend erscheinende Hervorhebung des politischen Partikularismus sollte nicht überschätzt werden. Nussbaum plädiert an mehreren Stellen für eine Variante des Weltbürgertums, das unter anderem auf Kwame Anthony Appiahs Konzeption des partiellen Kosmopolitanismus[248] zurückgeführt werden kann, und den man als **ideellen Kosmopolitanismus** bezeichnen könnte. Ähnlich wie Nussbaum charakterisiert Appiah die potenziellen Gefahren eines Weltstaates wie folgt:

245 Nussbaum 2011, 120.

246 „I want to insist firmly: my reason for opposing the creation of a monolithic world state has to do with my defense of national sovereignty and with my argument that the nation-state is the largest unit we have yet seen that is decently responsive to people and their voices. So that is why I think that any coercive structure over and above the nations ought to remain thin and decentralized“. Nussbaum, The Capabilities Approach and Ethical Cosmopolitanism, a. a. O. 2007, S. 129.

247 Vgl. Nussbaum 2011, 111 f.

248 So bezeichnet Appiah seine Position selbst in *Cosmopolitanism* aus dem Jahr 2007. In früheren Schriften sprach er vom „liberalen Kosmopolitanismus“. Vgl. Appiah, Kwama Anthony: Cosmopolitan Patriots. In: Joshua Cohen (Hrsg.): For Love of Country: Debating the Limits of Patriotism. Martha C. Nussbaum with respondents, Boston: Beacon Press 1996, S. 21–29.

> „A global state would have at least three obvious problems. It could easily accumulate uncontrollable power, which it might use to do great harm; it would often be unresponsive to local needs; and it would almost certainly reduce the variety of institutional experimentation from which all of us can learn“[249].

Nussbaums Position des ideellen Kosmopolitanismus beruht auf der Überzeugung, dass man keinen Weltstaat anstreben, sondern vielmehr ein alle Völker und Kulturen übergreifendes Verständnis von Menschlichkeit kultivieren sollte. Dies lässt sich durch Bildungsmaßnahmen erreichen, die den Gedanken des Weltbürgertums auf angemessene Weise berücksichtigen. In *For Love of Country* unterbreitet Nussbaum daher folgenden Vorschlag:

> „[...] students in the United States, for example, may continue to regard themselves as defined partly by their particular loves – their families, their religious, ethnic, or racial communities, or even their country. But they must also, and centrally, learn to recognize humanity wherever they encounter it, undeterred by traits that are strange to them, and be eager to understand humanity in all its strange guises“[250].

Nussbaums ethische Überzeugung weist eine unverkennbare Nähe zum „starken“ Kosmopolitanismus auf, weshalb ihre Betonung des politischen Partikularismus gewissermaßen inkonsequent erscheint.

---

249 Appiah, Kwame Anthony (2007): Cosmopolitanism. Ethics in a World of Strangers, London, S. 163.

250 Nussbaum, Martha C.: Partriotism and Cosmopolitanism. In: Joshua Cohen (Hrsg.): For Love of Country: Debating the Limits of Patriotism. Martha C. Nussbaum with respondents, Boston: Beacon Press 1996, S. 9. Hilary Putnam hält die Idee von kosmopolitanischer Bildung für unrealisierbar: „It may be that ‚citizen of the world‘ will one day have that kind of moral weight and that Martha Nussbaum will have been the prophet of a new moral vision. But it doesn't today“. Putnam, Hilary: Must We Choose between Patriotism and Univeral Reason? In: Ibidem, S. 91–97, hier: S. 96.

Möglicherweise ist dieser Umstand dem Anspruch der Praktikabilität des Capabilities Approach geschuldet. Demnach verzichtet Nussbaum auf die Idee eines Weltstaates aus strategischen Gründen. Der Capabilities Approach soll eine politische Doktrin sein, die ähnlich wie die Idee der Menschenrechte Gegenstand eines *overlapping consensus* werden kann. Würde der Fähigkeiten-Ansatz als eine starke Konzeption des politischen Kosmopolitanismus aufgefasst werden, dann hätte er wenig Chancen, sich gegenüber konkurrierenden Theorien menschlicher Entwicklung durchzusetzen.

Dieser „strategische“ Aspekt wird von Amartya Sen betont.[251] Nach Sen kann das Problem sozialer Gerechtigkeit in nationalen, internationalen oder globalen Kategorien betrachtet werden. Die nationale Ebene ist die des Partikularismus, der die Identitäten der Bürger und ihre Verantwortungen an eine bestimmte Staatsangehörigkeit knüpft; andere Klassifikationen wie die der sozialen Klasse, des Geschlechts oder des Berufs spielen eine untergeordnete Rolle. Die internationale Ebene als Ebene der Beziehungen zwischen den Völkern kann (wie bei Rawls) lediglich eine internationale, nicht aber globale Gerechtigkeit herbeiführen. Die globale Ebene bezeichnet Sen als den „großen Universalismus“ und hält ihn genauso wie Nussbaum für politisch schwer umsetzbar; das Modell der Vereinten Nationen sei dafür zunächst nicht geeignet. Die Hoffnung hinsichtlich globaler Gerechtigkeit könne nur durch Menschen aufrechterhalten werden, die multiple Identitäten entwickelt hätten. Sen argumentiert, dass Individuen aufgrund ihres Berufes oder ihrer Ansichten oft eine plurale Zugehörigkeit aufweisen. Zum Beispiel haben Ärzte oder Feministinnen Verpflichtungen, die über nationale Grenzen hinausgehen. Die vielen NGOs und internationalen Unternehmen begünstigen die Tendenz zu einer globalen Verantwortung, da sie für ständige internationale

251 Sen, Amartya: Globale Gerechtigkeit. Jenseits internationaler Gleichberechtigung. In: Christoph Horn/Nico Scarano (Hrsg.): Philosophie der Gerechtigkeit. Texte von der Antike bis zur Gegenwart, Frankfurt am Main: Suhrkamp 2002, S. 466–476.

Kontakte sorgen: „Individuen leben und handeln in einer Welt von Institutionen, von denen viele über Grenzen hinweg arbeiten. Unsere Chancen und Aussichten hängen stark davon ab, was für Institutionen es gibt und wie sie funktionieren".[252] Die fortschreitende Internationalisierung der Institutionen, Unternehmen und Organisationen lasse den Gedanken des Kosmopolitanismus tendenziell attraktiver erscheinen, wenn Individuen globale Identitäten entwickelten.

Im Hinblick auf den oben geschilderten Widerspruch ist bezeichnend, dass Martha C. Nussbaum ihre Position zum Kosmopolitismus seit den wegweisenden Werken in den 1990er und 2000er Jahren kaum revidiert hat. In ihrem jüngsten Werk mit dem gleichnamigen Titel lässt sich wieder keine Übertragung der Idee des Weltbürgertums auf den Capabilities Approach feststellen. Möglichen Verknüpfungspunkten zwischen dem Gedanken des Kosmopolitismus und dem Capabilities Approach widmet Nussbaum zwar ein ganzes Kapitel, das Fazit dieser Analyse fällt allerdings eindeutig aus: „Da Kosmopolitismus in der Regel als eine umfassende moralische Lehre definiert wird, bedeutet politischer Liberalismus, den so verstandenen Kosmopolitismus als Grundlage für unsere politischen Prinzipien abzulehnen". Auch in Bezug auf die Frage nach der nationalen Souveränität ist Nussbaums Position nach wie vor unmissverständlich: „Das Völkerrecht hat einige nützliche Funktionen zu erfüllen und es könnte weiterentwickelt werden. Doch man sollte sich immer davor hüten, die nationale Souveränität zu schwächen, insbesondere zugunsten eines internationalen Bereichs, der den Menschen aller Nationen durch ihre eigenen politischen Entscheidungen und selbstgegebenen Gesetze nicht angemessen rechenschaftspflichtig ist".[253]

Den theoretischen Ausgangspunkt für die neuen Überlegungen um den Kosmopolitismus bildet die kynische und stoische Philosophie, die uns nach Nussbaums Lesart dazu auffordert, den gleichen und unbedingten Wert jedes Menschen anzuerkennen. Die Idee von der glei-

252 Nussbaum 2020, S. 476.
253 Nussbaum 2020, S. 276 f.

chen Würde jedes Menschen ist das Fundament für die Betrachtung einer gemeinsamen Menschlichkeit, welche die ethische Position des Kosmopolitismus konstituiert. Dieser Wert beruht auf der Fähigkeit zur moralischen Entscheidung, wobei Nussbaum einschränkt, dass dies möglicherweise sogar zu restriktiv sei. Die kynische Tradition erscheint aus der Sicht des Capabilities Approach in entscheidendem Punkt fraglich: sie suggeriert nämlich, die Würde des Menschen und sogar sein Glück wären von der Erfüllung der Bedürfnisse und Entfaltungsfähigkeiten abgekoppelt. Das Bild vom wunschlos glücklichen Diogenes, dem ersten Kosmopoliten der Philosophiegeschichte, erweist sich bei der Konzipierung einer politischen Gerechtigkeitstheorie wenig hilfreich, da der abstrakte Würdebegriff gerade verworfen und mit dem Faktum der Bedürftigkeit und Verletzlichkeit verbunden werden soll. In Abgrenzung von den antiken Konzeptionen stellt Nussbaum daher fest: „Was wir brauchen, ist eine internationale Politik, die wahrhaft kosmopolitisch ist, und eine solche Politik, so lautet mein Argument, muss auf dem Wert und der Würde empfindungsfähiger Körper basieren, nicht allein auf demjenigen der Vernunft“[254]. Folgerichtig ist sie der Auffassung, dass sich der Gegensatz zwischen Moral und Vernunft – anders als in der kynischen Tradition, in der alle Menschen die volle, abstrakt gedachte Menschenwürde genießen – vielmehr durch die Analyse ethischer Gefühle bei Adam Smith auflösen lässt.[255]

Eine internationale Politik, die „wahrhaft kosmopolitisch“ werden soll, wird von Nussbaum allerdings nur halbherzig gefordert. Im Kontext des politisch brisanten Themas zur Abschiebung straffällig gewordener Migranten vertritt Nussbaum eine liberale Position, führt jedoch kaum aus, wie das Spannungsverhältnis zwischen nationaler Souveränität mit ihren berechtigten Interessen einerseits und den unaufhaltsamen Migrationsbewegungen in der heutigen Welt anderseits im Sinne des Capabilities Approach aufzulösen wäre. Der Fähigkeiten-

254 Nussbaum 2020, S. 25.
255 A. a. O., S. 210.

katalog ist stets im nationalstaatlichen Umfeld zu realisieren, wobei den patriotischen Gefühlen (verstanden als inklusive Vaterlandsliebe) eine wichtige Rolle zukommt.[256] Die Möglichkeit eines Weltstaates wird nicht einmal erwähnt; auch Globalisierungsprozesse werden von Nussbaum kaum thematisiert. Franz Sz. Horváth urteilt in seiner Rezension zur deutschen Ausgabe des „Kosmopolitismus" aufgrund dieser Defizite daher zu Recht:

> „Sie sieht auch die Weltgemeinschaft in der Pflicht, ärmeren Nationen auf jede denkbare Weise bei der Erfüllung ihrer Fähigkeitenforderungen zu helfen. Allerdings widerspricht diese Aussage sowohl jener über die Selbstbestimmung der Nationen als auch anderen, die sich gegen den ‚Paternalismus' des Westens richten und die Umsetzung der aufgezählten Fähigkeiten als Aufgabenbereich der einzelnen Nationen begreifen. Überhaupt sind zum Schluss ihrer Ausführungen manche der Aussagen wenig zufriedenstellend, so wenn sie sich einerseits für die materiellen Rechte und den politischen Liberalismus des Westens stark macht, den sie auch für den Rest der Welt empfiehlt, andererseits aber keine weiteren Ausführungen zum Umgang mit der Migration in die westlichen Länder erfolgen".[257]

256 Bereits in *Political Emotions* wies Nussbaum darauf hin, dass ihr Konzept des Patriotismus kein politisches ist, sondern eine starke emotionale Bindung aufweisen muss. Sie wendet sich gegen das Konzept des Verfassungspatriotismus bei Habermas mit den Worten: „[das] Konzept ist so moralistisch und so abstrakt, daß man nicht darauf vertrauen kann, daß es im realen Leben funktioniert". Nussbaum, Martha C. (2014): Politische Emotionen: Warum Liebe für Gerechtigkeit wichtig ist, Frankfurt: Suhrkamp Verlag, S. 338.

257 Horváth, Franz Sz.: Vom Kosmopolitismus zum Fähigkeitenansatz. Martha Nussbaums Revision des Kosmopolitismus. In: Literaturkritik. URL: https://literaturkritik.de/nussbaum-kosmopolitismus-kosmopolitismus-faehigkeitenansatz-martha-nussbaums-revision-kosmopolitismus,26928.html, zuletzt abgerufen am 08.10.2020.

5 Der Capabilities Approach in der Diskussion

Von Beginn an versteht sich der Fähigkeiten-Ansatz als ein Gegenentwurf bzw. als eine Ergänzung zu den konkurrierenden normativen Ansätzen, allen voran zum **Utilitarismus** und zur **Gerechtigkeitstheorie von John Rawls**. Der Hauptvorwurf, der von Anhängern des Capabilities Approach erhoben wird, lautet, dass der Fokus auf materielle Ressourcen und Güter die Mittel-zum-Zweck-Beziehung auf den Kopf stellt. Wenn die politische Theorie dem menschlichen Wohlergehen dienen soll, dann muss sie sich, so das Argument, an diesem Zweck, und nicht an den Mitteln hierzu orientieren. Hervorgehoben wird dieser Punkt aus dem folgenden Grund. Der Capabilities Approach besagt, dass sich Menschen in ihrem Vermögen, bestimmte Mittel in wertvolle Verwirklichungschancen (*Capabilities*) oder Resultate hiervon (*Functionings*) zu konvertieren, erheblich voneinander unterscheiden können. Um diese Problematik zu veranschaulichen hat Amartya Sen den Begriff „Umwandlungsfaktor" (*Conversion Factor*) eingeführt, mit dem evaluiert werden kann, in welchem Grad eine bestimmte Person Ressourcen in wertvolle Funktionsweisen umwandeln kann.[258] Zum Beispiel verfügt ein gesunder Erwachsener, dem als Kind das Fahrradfahren beigebracht wurde, über einen hohen Umwandlungsfaktor, der ihm die Fähigkeit des Fahrradfahrens möglich macht. Jemand, der das Fahrradfahren nie gelernt hat bzw.

258 Vgl. Sen, Amartya (1992): *Inequality Re-examined*, Oxford: Clarendon Press, S. 19.

körperlich behindert ist, hat einen wesentlich niedrigeren Umwandungsfaktor.[259] Die Tatsache, dass der Umwandlungsfaktor je nach Tätigkeit und Person unterschiedlich ist, zeigt, dass für die Messung der Lebensqualität und eine wirksame Politik, welche die Lebensqualität steigern könnte, genauere Kenntnisse über die Bürger und die Umstände, unter denen sie leben, erforderlich sind. Die Diversität menschlicher Lebensformen bedeutet, dass Pauschalierungen auch im Bereich distributiver Gerechtigkeit fragwürdig sind, weil die Bedürfnisse und Fähigkeiten eines jeden Einzelnen dabei nicht angemessen berücksichtigt werden. Das utilitaristische Kalkül und die nur scheinbar gleiche Verteilung von Gütern greifen Nussbaum und Sen zufolge zu kurz, weil Menschen eben unterschiedlich sind:

> „The recognition of the fundamental diversity of human beings does, in fact, have very deep consequences, affecting not merely the utilitarian conception of social good, but others as well, including (as I shall argue presently) even the Rawlsian conception of equality“[260].

5.1 Kritik am Utilitarismus

Der Grundgedanke des Utilitarismus besteht in der Befriedigung der Präferenzen einer möglichst großen Anzahl von Personen.[261] Nussbaum betont, dass der utilitaristische Ansatz durch den Fokus auf den Men-

259 Robeyns unterscheidet zwischen drei unterschiedlichen Gruppen von Umwandlungsfaktoren: den persönlichen, sozialen und umweltbezogenen, Vgl. Robeyns, Ingrid: The Capability Approach. A Theoretical Survey. In: *Journal of Human Development*, 6(1) 2005, S. 93–114, hier: 99.

260 Sen, Equality of What?, a. a. O. 1980, S. 202.

261 „It is the greatest happiness of the greatest number that is the measure of right and wrong“. Benthan, Jeremy: A Fragment on Government. In: J.H. Burns/H.L.A. Hart (Hrsg.): The Collected Works of Jeremy Bentham, London 1977, S. 391–551. „Das Glück, das den utilitaristischen Maßstab des moralisch richtigen Handelns darstellt, ist nicht das Glück des Handelnden selbst, sondern das Glück aller Be-

schen selbst gegenüber der Ausrichtung der Politik nach dem Bruttoinlandsprodukt oder Wirtschaftswachstum einen entscheidenden Vorteil hat. Der Grundgedanke utilitaristischer Zufriedenheitsmessung erfüllt durchaus den Anspruch, den der Capabilities Approach erhebt, nämlich die Berücksichtigung individueller Entscheidungen: „Utilitarianism has many defects, but it has the great merit of taking people and their desires seriously and showing respect for what people want"[262]. Durch ein pauschales Nützlichkeitskalkül verliert allerdings die Aussage Benthams, jeder zähle als Einzelner und niemand mehr als das, gewissermaßen an Argumentationsstärke.[263] Dass der gleiche Status von Individuen dadurch aus den Fugen gerät, veranlasst Sen gar zu der Anmerkung: „If equity is central to justice, utilitarianism starts off somewhere at the periphery of it".[264]

Gegen den Utilitarismus werden vor allem zwei Kritikpunkte von Seiten des Capabilities Approach vorgebracht. Erstens wird argumentiert, dass **Wunscherfüllung** an sich kein gutes Kriterium für ein glückliches und gedeihliches Leben ist. Vielmehr sollte es darum gehen, Menschen für den objektiven Wert einer Präferenz zu sensibilisieren. Sozial Ausgegrenzte haben oft einen verengten Erwartungshorizont in Bezug auf die Qualität ihres Lebens und geben sich mit dem Minderen zufrieden - sie wissen nicht, was sie ihnen fehlt oder was sie von ihrem Leben erwarten könnten. Zweitens wird von Seiten

troffenen". Mill, John Stuart (2004): Der Utilitarismus, Übers. v. Dieter Birnbacher, Stuttgart: Reclam, S. 30.

262 Nussbaum 2011, S. 51.

263 Das Problem hatte John Stuart Mill eingeräumt und diesem den Aufsatz „Plural Utility" gewidmet. Im Hinblick auf die Rechtfertigung der Menschenrechte sollte daran erinnert werden, dass der Begründer des Utilitarismus Bentham die Menschenrechte als „Unsinn auf Stelzen" mit der folgenden Erklärung brandmarkte: „[Es] gibt kein Recht, das nicht aufgehoben werden sollte, wenn seine Aufhebung für die Gesellschaft von Vorteil ist". Bentham, Jeremy: Anarchical Fallacies. In: Jeremy Waldron (Hrsg.): Nonsense on Stilts: Bentham, Burke and Marx on the Rights of Man, London/New York 1987, S. 53.

264 Sen, Amartya: Gender Inequality and Theories of Justice. In: Glover, Jonathan/ Martha C. Nussbaum (Hrsg.): Women, Culture, and Development. A Study of Human Capabilities. Oxford: Clarendon Press 1995, S. 259–273, hier: S. 262.

des Capabilities Approach bemängelt, dass das **Aggregationsprinzip**, mit welchem der Nutzen für die Gesamtheit der Gesellschaftsmitglieder kalkuliert wird, soziale Disparitäten außer Acht lässt. Die Tatsache, dass viele Bürger ihre subjektive Zufriedenheit als hoch einstufen, kann eine Situation unerkennbar machen, in der Minderheiten beträchtlicher sozialer oder politischer Abgrenzung ausgeliefert sind und kein gelingendes Leben führen können. Im Folgenden soll auf diese beiden Kritikpunkte näher eingegangen werden.

Bezogen auf die Messung der Lebensqualität wird nach der utilitaristischen Auffassung danach gefragt, ob und inwieweit Präferenzen der Bürger befriedigt werden. Das Erkenntnisinteresse bei der Evaluierung der Lebensqualität gilt somit dem Grad an subjektiv empfundener Zufriedenheit. Die Kritik an dieser Herangehensweise ist eines der wichtigsten Anliegen des Capabilities Approach. Bemängelt wird, dass sich der utilitaristische Glücksbegriff nicht wie bei Aristoteles objektivieren und unter Verweis auf eine universale Konzeption des guten Lebens konkretisieren lässt. Vielmehr erscheint Glück nach der utilitaristischen Auffassung als etwas beliebig Definierbares, das lediglich durch direkte Befragung von Einzelpersonen ermittelt werden kann. Aus solchen Bewertungen wird nach dem Nützlichkeitsprinzip ein Allgemeinwert ermittelt. Aus der Gesamtbewertung kann im nächsten Schritt geschlossen werden, in welchen Gesellschaften die Menschen am glücklichsten leben. Einer der Indikatoren, die auf dieser Grundlage basiert, ist der Happy Planet Index, der neben Lebenszufriedenheit auch die Lebenserwartung sowie das Kriterium ökologischer Nachhaltigkeit berücksichtigt. Subjektive Aussagen zur Lebenszufriedenheit werden darin keiner weiteren Prüfung unterzogen. Fragen nach der Menschenrechtssituation, nach Wahrung von Arbeiterrechten oder politische Freiheit werden vollkommen außer Acht gelassen.[265]

265 In der letzten Auflistung (für das Jahr 2016) haben Costa Rica, Mexiko und Kolumbien die ersten Plätze erreicht. Bezeichnend ist, dass Luxemburg mit dem weltweit dritthöchsten Bruttoinlandsprodukt den 139. Platz belegte, den vorletz-

Die utilitaristische Methodik weist nicht nur eine Tendenz zur Generalisierung in Bezug auf Individuen auf, die durch Durchschnittsberechnungen zu einer anonymen Menschenmasse verschmelzen. Ähnlich wie bei Angabe des Bruttoinlandsproduktes wird zwischen diversen Lebensbereichen nicht unterschieden. Amartya Sen bemerkt zutreffend:

> „Die utilitaristische Tradition, die daran arbeitet, alles, was zu bewerten ist, auf eine angeblich homogene Größe namens „Nutzen“ einzukochen, hat am meisten zu dieser schönen Sicherheit beigetragen, die entsteht, wenn man nur genau eine Menge abzählen muss (‚Haben wir hier mehr oder weniger davon?‘), und sie hat auch das Misstrauen gegen die Möglichkeit geweckt, Kombinationen aus vielen verschiedenen Gütern (‚Ist diese Kombination mehr oder weniger wert?‘) zu beurteilen.“[266].

Ein allgemeiner Zufriedenheitswert, so das Argument seitens des Capabilities Approach, wird der Realität des menschlichen Lebens nicht gerecht. Ein Individuum kann zum Beispiel Zugang zu einem qualitativ hohen Gesundheitssystem haben, was ein konkretes Bedürfnis erfüllt. Andererseits wird ihm aber möglicherweise nur ein eingeschränktes Recht auf Religionsausübung gewährt. Nach dem Capabilities Approach müsste man im Leben dieses Individuums offensichtliche Mängel feststellen. Die utilitaristische Methode erlaubt hingegen Unterscheidungen zwischen einzelnen Aspekten menschlicher Existenz in der Regel nicht, sondern ist um die Ermittlung eines Allgemeinwertes bemüht.

Ein weiterer Einwand gegen den Utilitarismus geht auf Sens Begriff von **adaptiven Präferenzen** zurück, den Nussbaum in ihre Kritik am Utilitarismus inkorporiert. Das Argument beruht auf der marxisti-

ten im gesamten Ranking zwischen Togo und Chad. Siehe: http://happyplanetindex.org/countries.

266 Sen, Amartya: Die Idee der Gerechtigkeit, München: C. H. Beck 2010, S. 266 f.

schen Annahme, dass Menschen Erwartungen bezüglich ihrer Existenz entsprechend den vorgefundenen gesellschaftlichen Umständen gestalten. Sie passen sich soweit an ihre Lebenssituation an, dass sie ihre Lebensentwürfe über den sie prägenden Rahmen hinaus nicht mehr objektivieren können. Menschen, die etwa systematisch unterernährt sind, haben oft keine Vorstellung davon, dass sich ihr Körper stärker anfühlen sollte. Erlebnisse von Diskriminierung und Unterdrückung werden internalisiert, so dass das Individuum ihrer nicht mehr bewusst ist.[267] Die Unmöglichkeit der Hinterfragung und aktiven Problematisierung solcher Barrieren im sozialen und politischen Bereich ist ein gewichtiger Kritikpunkt, der dem utilitaristischen Ansatz von Seiten des Capabilities Approach entgegengebracht wird. Eine ausgereifte Theorie zur Entstehung von Präferenzen, die für die praktische Umsetzung des Fähigkeitenansatzes in politischen Ordnungen erforderlich wäre, stellt dennoch nach wie vor ein Forschungsdesiderat dar.[268]

Nussbaum übt Kritik am Utilitarismus auch aus einem weiteren Grund. Die Ausrichtung der Politik mit dem Ziel der Erlangung der Zufriedenheit birgt die Gefahr, der passiven Befriedigung der Bedürfnisse der Bevölkerung gleichzukommen. Nussbaums aristotelischer Ansatz, der auf die aktive Gestaltung des Lebens abzielt, wehrt sich gegen ein solches Verständnis staatlicher Fürsorge. Ihrer Meinung nach sollte sich der Staat nicht um bloße Befriedigung der Bedürfnisse der Bürger bemühen, sondern vielmehr die Entfaltung ihrer Fähigkeiten fördern.

Zudem birgt der Utilitarismus, dem der Gedanke der Nutzenmaximierung zugrunde liegt, die Gefahr in sich, eine Gesellschaft aus-

267 „[D]esires and subjective preference are not always reliable indices of what a person really needs, of what would really be required to make that life a flourishing one. Desires and satisfactions are highly malleable. (…) Circumstances confine the imagination". Nussbaum, Human Functioning and Social Justice, a. a. O. 1992, S. 230.

268 Vgl. Heckman, James J. u. Chase O. Corbin (2016): Capabilities and Skills, Journal of Human Development and Capabilities, Band17(3), S. 342–359.

schließlich in ökonomischen Kategorien zu begreifen und zu bewerten, was selbst Sklaverei und Folter rechtfertigen könnte. Nussbaum macht hierzu eine direkte Bemerkung:

> „The approach justifies the infliction of a very miserable life on an underclass, so long as this strategy raises the average satisfaction level. Even slavery and torture and ruled out – insofar as they are – only by uncertain empirical arguments claiming that slavery and torture are inefficient“[269].

Im Sinne des Capabilities Approach wird jeder Mensch individuell und als Zweck an sich betrachtet. Das bedeutet, dass das Wohlergehen nicht durch Durchschnittswerte der Allgemeinheit ermittelbar ist und erst recht nicht durch Menschenhandel gesteigert werden darf. Es ist der Fokus auf die Verwirklichungschancen eines jeden einzelnen Mitglieds der Gesellschaft, der Nussbaum zu ihrer anti-utilitaristischen Grundposition führt.

5.2 Kritik an der Theorie der Grundgüter von John Rawls

Nach Rawls' vertragstheoretischem Ansatz sind Menschenrechte kein Resultat moralischer Überlegungen, sondern sie verdanken ihre Existenz und Durchsetzbarkeit den politischen Prinzipien. Ähnlich wie bei Habermas werden sie durch und im politischen Raum erhoben und in das geltende Recht überführt. Vor diesem Hintergrund ist es verständlich, dass Rawls den Vorrang des Rechten vor dem Guten als einen

269 Nussbaum 2011, S. 51. Auf die Gefahren des utilitaristischen Kalküls weist Steven Lukes in noch zugespitzterer Form hin: „Ihr [der Utilitarier] Gemeinschaftssinn ist so stark entwickelt, daß sie bereit sind, sich selbst, aber auch einander zu opfern, wenn Berechnungen zu dem Ergebnis führen, daß dies notwendig sei“. Lukes, Steven: Fünf Fabeln über Menschenrechte. In: Susan Hurley/Stephen Shute (Hrsg.): Die Idee der Menschenrechte, S. 30–52, hier: 33

Hauptzug seiner Theorie der Gerechtigkeit als Fairness betrachtet.[270] Dies unterscheidet Rawls' Konzeption von Nussbaums aristotelischem Ansatz, der mit weitergehenden Verpflichtungen für den Staat einhergeht. Nach Nussbaum kann die Aufgabe des Staates nicht „unabhängig von einer substanziellen Konzeption des menschlich Guten und losgelöst von der Frage verstanden werden, was es bedeutet, wahrhaft menschlich zu leben und zu handeln"[271]. Nussbaum gelangt folgerichtig zu der Auffassung, dass die Priorität des Guten den auffälligsten Unterschied zwischen ihrer aristotelischen Konzeption und allen wichtigen liberalen Theorien überhaupt bildet.[272]

John Rawls' „schwache Theorie des Guten" zielt darauf ab, „die Voraussetzungen über die Grundgüter [zu] liefern, die zur Herleitung der Gerechtigkeitsgrundsätze nötig sind"[273]. Seine politischen Prinzipien erschöpfen sich in den zwei berühmten Grundsätzen: (1) Jedermann soll gleiches Recht auf das umfangreichste System gleicher Grundfreiheiten haben, das mit dem gleichen System für alle anderen verträglich ist; (2) soziale und wirtschaftliche Ungleichheiten sind so zu gestalten, daß (a) vernünftigerweise zu erwarten ist, daß sie zu jedermanns Vorteil dienen, und (b) sie mit Positionen und Ämtern verbunden sind, die jedem offen stehen. Die Befolgung der beiden Grundsätze ist Grundvoraussetzung für eine gerechte Gesellschaft. Um eine „umfassende Sorge um das Gedeihen in sämtlichen Lebensbereichen" wie der Capabilities Approach bemüht sich Rawls' liberale Gerechtigkeitstheorie nicht.

---

270 „In der Theorie der Gerechtigkeit als Fairneß [ist] der Begriff des Rechten dem des Guten vorgeordnet". Rawls 1993, S. 434. Ähnlich in *Political Liberalism*: „Die Vorstellung vom Vorrang des Rechten ist ein wesentliches Element in dem, was ich politischen Liberalismus genannt habe, und spielt in der Konzeption der Gerechtigkeit als Fairneß, als einer Form dieser Auffassung, eine zentrale Rolle". Rawls, John: Politischer Liberalismus, Frankfurt am Main: Suhrkamp 1998, S. 266.

271 Nussbaum, Die Natur des Menschen, seine Fähigkeiten und Tätigkeiten, a. a. O. 1999, S. 87.

272 Vgl. Nussbaum, Der aristotelische Sozialdemokratismus, a. a. O. 1999, S. 32.

273 Rawls 1993, S. 434.

Rawls' Ansatz muss sowohl in Bezug auf soziale Gerechtigkeit als auch in Bezug auf die Menschenrechte, die er in *The Law of Peoples* als Bestandteil des Völkerrechts auffasst und deren Wahrung (nur) als ein Resultat der Selbstbegrenzung staatlicher Souveränität begreift, minimalistisch erscheinen. Staaten, die nicht demokratisch regiert werden, werden von Rawls als „anständig" und völker- und menschenrechtskonform bezeichnet, weshalb Demokratie, anders als bei Nussbaum oder Habermas, kein fester Bestandteil des Menschenrechtskatalogs ist. Zu Menschenrechten werden von Rawls lediglich folgende Rechte gezählt: „das Recht auf Leben und Sicherheit, das Recht auf persönliches Eigentum, einige Elemente des Rechtsstaatsprinzips, das Recht auf ein gewisses Maß an Gewissens- und Vereinsfreiheit sowie das Recht auf Auswanderung"[274].

Wie bereits erwähnt, bedient sich Rawls der Vertragstheorie bei der Ausarbeitung seiner Gerechtigkeitsgrundsätze. Der Urzustand (der mit dem Hobbesschen Naturzustand nicht zu verwechseln ist) wird hierbei als eine rein theoretische Situation aufgefasst.[275] Nussbaum wendet sich gegen die kontraktualistische Tradition und betont, dass Ansprüche der Bürger auf Unterstützung von Seiten des Staates nicht durch einen Vertrag entstehen. Sie gründen sich vielmehr auf menschlichen Bedürfnissen und Fähigkeiten als solchen. Dabei bezieht sie sich bei ihrer Rawls-Kritik unmittelbar auf Aristoteles:

> „An Rawls' Liste der Grundgüter würde Aristoteles sicherlich zunächst bemängeln, daß sie einige falsche Dinge enthält (...). Kein einzelnes Gut kann richtig eingeschätzt werden, wenn es nicht in den Kontext einer stärkeren Theorie des guten Lebens gestellt wird; und wenn wir das tun, entdecken wir, daß Reichtum keinen Wert an sich hat. Rawls' Theorie ist also zu schwach.

274 Rawls, John (1996): Das Völkerrecht. In: Susan Hurley/ Stephen Shute (Hrsg.): Die Idee der Menschenrechte. Frankfurt am Main: Fischer, S. 30–52, hier: S. 33.

275 An einer Stelle heißt es: „[Es] ist klar, daß der Urzustand kein wirklicher ist". Rawls 1993, S. 143.

> Auf seiner Liste fehlen die wirklich ‚primären Güter', und sie schreibt denjenigen Gütern eine unabhängige Bedeutung zu, deren Wert erst im Zusammenhang mit den wahrhaft primären Gütern erkannt werden kann"[276]

Nussbaums normative Konzeption, die sich auf Grundbedingungen und Grundmerkmale des Menschseins stützt, kommt ohne ein umfangreiches abstraktes Theoriegebilde aus, das mit hypothetischen Gedankenexperimenten eines Natur- bzw. Gesellschaftszustandes operiert. Ihr Version des Capabilities Approach betrachtet soziale Kooperationen von Beginn an als moralisch aufgeladen und Individuen als vergesellschaftet. Randgruppen werden aus der Anfangssituation nicht ausgeklammert. Im Gegenteil wird der Fokus auf Benachteiligte und Ausgegrenzte zuerst gelegt. Es sind nicht rationale Vorteilsüberlegungen, die die Gesellschaft stiften, sondern, so Nussbaum wörtlich, Mitleid und Liebe zur Gerechtigkeit. In diesem Kontext spricht Nussbaum von „politischen Gefühlen", die die Umsetzung ihrer Konzeption erst möglich machen. Anders als die Vertragstheorie geht der Capabilities Approach vom Faktum des Altruismus und hält die Kultivierung von „helpful sentiments" in einer anständigen Gesellschaft für notwendig.[277] Manche Rawls-Interpreten unterstellen Rawls er würde solche Gefühle der Kooperation ignorieren. Annette Baier behauptet etwa, dass im Rawlsschen Urzustand die Menschen „no interest in each other's interests"[278] hätten. Durch die Annahme, dass Menschen immer mehr Grundgüter besitzen wollten, hebe Rawls die Bedeutung des Egoismus übermäßig hervor. Von dieser Kritik distanziert sich Nussbaum jedoch und bemerkt, dass Baiers Ausführungen auf eine Fehlinterpretation zurückzuführen sind.

276 Nussbaum, Die Natur des Menschen, seine Fähigkeiten und Tätigkeiten, a. a. O. 1999, S. 86–130, hier: S. 93.

277 Nussbaum 2011, S. 96.

278 Baier, Annette (1995): The Need for More than Justice. In: Held, Boulder (Hrsg.): Justice and Care. Essential Readings in Feminist Ethics, Westview, S. 47–60, hier: S. 55.

Vielmehr fänden sich in Rawls' *Political Liberalism* durchaus Bezüge zur Nächstenliebe (engl. „Benevolence").[279]

Bei der Auseinandersetzung mit der politischen Gerechtigkeitstheorie von John Rawls kritisiert Nussbaum daher bereits seine Grundlage für die Begründung politischer Prinzipien. Die Vertragstheorie, mit deren Hilfe Rawls seine Konzeption des politischen Liberalismus entwirft, sei von Grund auf falsch, denn Vertragspartner würden als frei, unabhängig und ungefähr gleich gedacht, was in Wirklichkeit nicht gegeben sei.[280] Die oft asymmetrische und lebenslange Abhängigkeit der Menschen voneinander werde von Kontraktualisten nicht genug berücksichtigt. Das Gedankenexperiment des Schleiers des Nichtwissens komme zu kurz, da es der Komplexität menschlicher Lebensformen nicht gerecht werde. Rawls gehe von rational denkenden Individuen, die mit der praktischen Vernunft ausgestattet seien und im Urzustand nach Grundgütern, also nach eigenem Nutzen strebten.[281] Seiner schwachen Theorie des Guten liege unverkennbar die Kantische rationalisierte Idee vom Bürger zugrunde.

Die Kantische Konzeption der Person, die auf der Vernunft basiert, hat den Nachteil, dass sie den Menschen von der Welt der Natur abgrenzt, wodurch man gleichsam von einem überzeitlichen und von Naturanlagen isolierten Subjekt sprechen kann. Die Annahme der Selbstgenügsamkeit in Bezug auf die natürlichen Lebensfunkti-

279 Nussbaum, Martha C: Rawls and Feminism. In: Samuel Freeman (Hrsg.): The Cambridge Companion to Rawls, Cambridge University Press 2003, S. 488–520, hier: S. 492 ff.

280 Rawls hat eine bestimmte Vorstellung von einem Individuum im Urzustand, entwickelt aber anders als Nussbaum keine umfassende Anthropologie. Da er an einer genuin politischen Theorie sozialer Gerechtigkeit interessiert ist, könnte man meinen er braucht keine. Michael Sandel, der in seiner kommunitarischen Kritik an Rawls auf diesen Punkt hinweist, ist anderer Auffassung: „The original position must produce not only a moral theory but also a philosophical anthropology (…)". Sandel, Michael (1982): Liberalism and the Limits of Justice, Cambridge, S. 48.

281 „Wir brauchen die schwache Theorie des Guten, um den vernünftigen Wunsch nach Grundgütern und den Begriff der Vernünftigkeit zu erklären, der der Wahl der Grundsätze im Urzustand zugrundeliegt". Rawls 1993, S. 435.

onen, zu denen auch die Realität des Wachsens und Alterns gehört, erscheint falsch, denn der Mensch durchläuft verschiedene Altersstadien und ist nicht als ein statisches Subjekt zu begreifen. Durch die Kantische Spaltung zwischen Natur und Moral wird die Animalität des Menschen, die sich durch **Bedürftigkeit und Verletzlichkeit** kennzeichnet, grob verkannt. Rawls habe die inkompatibalistische These von Kant übernommen und das rationale und moralische Vermögen des Menschen von anderen Aspekten des Menschseins abgekoppelt, weshalb in seiner wohlgeordneten Gesellschaft Individuen „fully cooperating members of society over a complete life" sein könnten, die rational handeln und primär am gegenseitigen Nutzen unter Gleichen interessiert seien.[282]

Die Vorteile der Rawlsschen Vertragstheorie wie die Betonung der Reziprozität, der Gleichheit und der wechselseitigen Achtung für die menschliche Würde verblassen daher vor dem Hintergrund des unumgänglichen Problems, das in der Spaltung besteht, die die Rationalität zum Treuhänder der menschlichen Animalität macht. Die Idee vom Bürger als einem autonomen Verhandlungspartner ist nach Nussbaum zu abstrakt und wird der Wirklichkeit nicht gerecht. Vielmehr sind Menschen „needy temporal animal beings who begin as babies and end, often, in other forms of dependency"[283].

Die unzulässig starke Gewichtung der **Rationalität** in der Vertragstheorie veranlasst Nussbaum im Anschluss an Sens Aufsatz *Equality of*

282 Nussbaums Einschätzung scheint Rawls' eigenen Worten zu entsprechen: „Der Wunsch nach Grundgütern ergibt sich (…) aus den allgemeinsten Voraussetzungen über die Vernunft und die menschlichen Lebensbedingungen". Rawls 1993, S. 286.

283 Nussbaum, Capabilities and Disabilities, a.a.O. 2002, S. 158. Dieses Charakteristikum des Fähigkeitenansatzes fasst Müller zutreffend zusammen: „Eine Würdekonzeption wie die Nussbaums, die dem Menschen als Ganzem in seiner Personalität wie in seiner Naturalität gerecht wird, ist (…) besser geeignet zu fassen, worin die spezifische Würde des Menschen eigentlich besteht". Müller, Jörn: Menschenwürde als Fundament der Menschenrechte: Eine begründungstheoretische Skizze. In: Die großen Kontroversen der Rechtsphilosophie, hrsg. v. Bernward Gesang u. Julius Schälike, Paderborn 2011, mentis Verlag, S. 99–122, hier: S. 117.

What? zu einer substantiellen Kritik an Rawls' Konzeption der Grundgüter. Nussbaum bemerkt zwar, dass Rawls die Idee der Grundgüter als eine Darstellung der Bedürfnisse von Bürgern einführt.[284] Allerdings sind Rawls' Bürger durch zwei moralische Vermögen charakterisiert, nämlich „die Anlage zu einem Gerechtigkeitssinn und die Befähigung zu einer Konzeption des Guten"[285] sowie durch die Fähigkeit „voll kooperativ" zu sein, was „keinen Raum für das Bedürfnis vieler realer Leute [lässt] nach der Art von Fürsorge, die wir Menschen angedeihen lassen, die nicht unabhängig sind"[286]. Rawls setzt ungefähr gleiche Erwachsene voraus und blendet dadurch extremere Formen von Bedürftigkeit aus. Die Idee von einem „normalen" Körper mit „normalen" Bedürfnissen ist aber, so Nussbaum, ein Mythos, den ein Aristoteliker, der das Hauptaugenmerk auf die Besonderheit des jeweiligen Kontextes richtet, vermeiden will. Verstärkt wird dies durch das Argument, dass vorhandene Asymmetrien keine isolierbaren Fälle sind. Soziale Inklusion von m Menschen mit Behinderungen ist zum Beispiel nur scheinbar ein Randproblem, das man, wie Rawls, lediglich als „a pressing practical question" abtun kann. Die Tatsache, dass Behinderte entsprechender Fürsorge bedürfen, trifft im Wesentlichen ebenfalls für Kinder oder ältere Menschen zu, was das Problem für die Gerechtigkeitstheorie relevanter erscheinen lässt als vermutet.[287]

In *Political Liberalism* spricht Rawls diese Problematik explizit an, meint jedoch dabei: „While we would like eventually to answer all the-

284 Nussbaum, Langfristige Fürsorge und soziale Gerechtigkeit, a. a. O. 2003, S. 185. Ob Rawls die Grundgüter als Bedürfnisse auffasst, ist fraglich. Vielmehr handelt es sich um Güter, ohne die man leben kann, auf die man jedoch nicht verzichten will. Vgl. Rawls 1993, S. 83: „[Sie sind] Dinge, von denen man annehmen kann, daß sie jeder vernünftige Mensch haben will".

285 Rawls 1993, S. 85.

286 Nussbaum, Langfristige Fürsorge und soziale Gerechtigkeit, a. a. O. 2003, S. 185.

287 Ähnlich Sen: „[...] hard cases do exist, and to take disabilities, or special health needs, or physical or mental defects, as morally irrelevant, or to leave them out for fear of making a mistake, may guarantee that the opposite mistake will be made". Sen, Equality of What?, a. a. O. 1980, S. 215.

se questions, I very much doubt whether it is possible within the scope of justice as fairness as a political conception“[288]. Stattdessen werden politische Prinzipien bei Rawls ohne Berücksichtigung der „abnormalen“ Fälle ausgearbeitet. Rawls berücksichtigt bedürftige und schwache Mitglieder der Gesellschaft in seiner Vertragstheorie nicht, weil er, so Nussbaum, die soziale Produktivität und das Wohlergehen der Bürger in ökonomischen Kategorien begreift. Rawls wolle der Effizienz den Gedanken der Gerechtigkeit zwar entgegenstellen, dies sei aber wegen der Beschränktheit seines vertragstheoretischen Ansatzes nur bedingt möglich. Geistig Behinderte etwa entsprechen dem idealisierten Bild moralischer Rationalität, wie sie für Bürger in einer wohlgeordneten Gesellschaft definiert sind, nicht. Rawls zufolge sollen Menschen, die keine Verträge schließen oder Übereinkünfte eingehen können, als nicht relevant für die Theorie politischer Gerechtigkeit gesehen werden. Dabei können Menschen mit Behinderungen, so Nussbaum, zur Gesellschaft, in der sie leben, viel beitragen, wenn diese Gesellschaft geeignete Bedingungen dafür schafft. Die fehlende „Produktivität“ Behinderter ist nicht naturgegeben, sondern Folge diskriminierender sozialer Rahmenbedingungen. Als Beispiel geeigneter Maßnahmen, die strukturelle Beeinträchtigungen in dieser Hinsicht nivellieren können, kann der in den Vereinigten Staaten 1990 in Kraft gesetzte *Individuals with Disabilities Education Act* genannt werden, der, wie Nussbaum behauptet, behinderten Menschen eine Perspektive menschlicher Entwicklung eröffnet hat.[289]

Zur Verteidigung Rawls' sei in diesem Zusammenhang auf sein Ausgleichsprinzip hingewiesen, das auf soziale Chancengleichheit abzielt. Das Ausgleichsprinzip führt Rawls in sein Theoriegebilde ein, um sich gegen den Vorwurf der Meritokratie zu wehren. Ferner ist er auf ähnliche Einwände eingegangen, die schon von Amartya Sen gegen ihn vorgebracht wurden. In *Political Liberalism* schreibt Rawls: „Ich stimme mit Sen darin überein, daß die Grundvermögen von höchs-

288 Rawls, John (2005): Political Liberalism, Columbia University Press, S. 21.
289 Nussbaum, Langfristige Fürsorge und soziale Gerechtigkeit, a. a. O. 2003, S. 197.

ter Bedeutung sind und daß über den Gebrauch von Grundgütern stets im Lichte von Annahmen über diese Vermögen geurteilt werden muß“[290]. An einer anderen Stelle heißt es gar: „Mit gebührender Vorsicht können wir die Liste im Prinzip um andere Güter erweitern, z. B. Freizeit, und sogar bestimmte mentale Zustände, etwa die Abwesenheit körperlicher Schmerzen“[291].

Dennoch ist die Kritik an Rawls' Konzeption der Grundgüter von essentieller Bedeutung, denn im Aristotelismus, auf den sich Nussbaum beruft, Wohlstand, Einkommen und Besitz „schlicht und einfach nichts Gutes an sich sind“[292]. Zu viel Reichtum kann zu extremem Konkurrenzdenken führen und Menschen von sozialen Kontakten, von der Beschäftigung mit Künsten, vom Lernen und Nachdenken abhalten. Aus diesem Grund sollte die Grundfrage nicht „Wieviel haben Sie?“ lauten, die im egalitaristischen Vorhaben[293] von Rawls ein wiederkehrendes Motiv ist, sondern vielmehr die Frage „Was können Sie tun und sein?“.[294]

Rawls bezeichnet in seiner Theorie der Gerechtigkeit den Perfektionismus (dem Nussbaum mit ihrer Aristoteles-Konzeption zumindest auf der ethischen Ebene nicht abgeneigt ist) als „unannehmbar“.[295] Als prominente Vertreter des Perfektionismus nennt er Nietzsche und Aristoteles. Auf der anderen Seite führt Rawls seine Theorie des Guten, die er für die Analyse der Grundgüter gebraucht, ausdrücklich

290 Rawls, John: Politischer Liberalismus, Frankfurt am Main: Suhrkamp, S. 278.

291 Rawls, John: Der Vorrang des Rechten und die Ideen des Guten, in: Hinsch, Wilfried (Hrsg.): John Rawls: Die Idee des politischen Liberalismus. Aufsätze 1978–1989, Frankfurt/Main 1988, S. 372.

292 Nussbaum, Der aristotelische Sozialdemokratismus, a. a. O. 1999, S. 35.

293 „Alle sozialen Werte – Freiheit, Chancen, Einkommen, Vermögen und die sozialen Grundlagen der Selbstachtung – sind *gleichmäßig* zu verteilen, soweit nicht eine ungleiche Verteilung jedermann zum Vorteil gereicht“. Rawls 1993, S. 83. Hervorhebung des Verfassers.

294 Nussbaum, Der aristotelische Sozialdemokratismus, a. a. O. 1999, S. 37.

295 Der Perfektionismus wird von ihm als „Verwirklichung der besten menschlichen Fähigkeiten in den verschiedenen Erscheinungsformen der Kultur“ definiert. Rawls 1993, S. 72.

auf Aristoteles zurück.[296] Dies wird von Nussbaum folgendermaßen kommentiert: „Ähnlich wie Aristoteles ist auch Rawls bereit, die Konzeptionen des Guten auszuschließen, die keinen Raum für Entscheidungsfreiheit und soziale Bindungen lassen: In diesem Sinne gibt es in seiner Theorie ein perfektionistisches Element, wie er selbst sagt"[297]. Ungeachtet dieses offenkundigen Widerspruchs lässt sich sagen, dass die deutliche Unterscheidung zwischen den fünf gesellschaftlichen (Freiheit, Chancen, Einkommen, Vermögen, Selbstachtung) und den die Grundstruktur nur mittelbar beeinflussenden natürlichen Gütern (zu denen Gesundheit, Lebenskraft, Intelligenz und Phantasie zählen) Rawls unwiederbringlich vom Aristotelismus nach Nussbaums Art entfernen. Nach Rawls sollte die Regierung nicht für Gesundheit oder emotionale Ausgeglichenheit aller Bürger sorgen, weil die Determinanten dieser Zustände entweder natürlich oder vom guten Glück abhängig sind. Der Capabilities Approach betrachtet Imagination und Emotionalität hingegen als Güter von zentraler Bedeutung. Vorstellungen von notwendigen Komponenten eines gedeihlichen Lebens haben eine Rolle in der Entwicklung grundlegender politischer Prinzipien zu spielen. Man sollte Rawls zwar zugutehalten, dass er mit der Einführung des Grundgutes Selbstachtung über die liberale Position hinausgeht.[298] Thomas Nagel zieht zwischen Rawls' Liberalismus und Sozialdemokratie europäischer Prägung gar eine Parallele, die jedoch fragwürdig erscheinen muss:

> „[...] what Rawls has done is to combine the very strong principles of social and economic equality associated with European

296 „Die Theorie des Guten, die zur Analyse der Grundgüter verwendet wird (...) ist nicht unbekannt und geht auf Aristoteles zurück, und sonst so verschiedene Philosophen wie Kant und Sidgwick vertraten ungefähr solche Auffassung". Rawls 1993, S. 113.

297 Nussbaum, Der aristotelische Sozialdemokratismus, a. a. O. 1999, S. 61.

298 Vgl. Sturma, Universalismus und Neuaristotelismus, a. a. O. 2000, S. 271: „[Mit dem Grundgut der Selbstachtung] überschreitet er schon die üblichen ökonomischen Meßverfahren des Lebensstandards in Richtung auf eine umfassendere ethische Konzeption".

socialism with the equally strong principles of pluralistic toleration and personal freedom associated with American liberalism, and he has done so in a theory that traces them to common foundation. The result is closer in spirit to European social democracy than to any mainstream American political movement"[299].

Für Nussbaum ist es nicht einleuchtend, warum Selbstachtung zu den Grundgütern gehören soll, der ungehinderte Gebrauch der Vorstellungskraft oder gesundheitliche Aspekte jedoch nicht. Rawls scheint die Meinung zu vertreten, dass keine Gesellschaft ein gesundes Leben für alle Bürger garantieren kann. Nussbaum stimmt zu, dass volle Entwicklung dieser externen Fähigkeit unrealistisch bleiben muss, dennoch kann der Staat eine soziale Grundlage für natürliche Güter liefern, wenn das Grundgut der Selbstachtung bereits zu dessen Aufgaben erklärt wurde. Der Hauptunterschied zwischen der Liste der Grundgüter von Rawls und dem Fähigkeitenkatalog von Nussbaum liegt deshalb in ihrer Länge. Nussbaums Konzeption stellt höhere Hürden für die Herbeiführung sozialer Gerechtigkeit:

> „The primary difference between this capabilities list and Rawls's list of primary goods is its length and definiteness, and in particular its determination to include the social basis of several goods that Rawls has called ‚natural goods,' such as ‚health and vigor, intelligence and imagination'"[300].

In Nussbaums aristotelischer Konzeption lässt sich keine Unterscheidung zwischen der Grundstruktur der Gesellschaft und der Gesetzgebung, die etwa den Gesundheits- oder Bildungssektor steuert, feststellen. Dieser Punkt stellt eine auffallende Differenz zwischen Nussbaum und Rawls dar:

299 Nagel, Rawls and Liberalism, a. a. O. 2003, S. 63.
300 Nussbaum, Capabilities and Human Rights, a. a. O. 1997, S. 290.

> „Bildungspolitik, Strukturpolitik, Bevölkerungspolitik oder die Gestaltung der Arbeitsverhältnisse – all das würde Rawls zufolge wahrscheinlich in das spätere, gesetzgeberische Stadium gehören; aber für den Aristoteliker handelt es sich um absolute Grundstrukturen“[301].

Nach Nussbaum kann und soll der Staat die **soziale Grundlage** für natürliche Fähigkeiten liefern. Als Beispiel nennt sie die oft benachteiligte Lebenssituation der Frauen. Der Staat kann nicht umfassend für die emotionale Gesundheit der Frauen sorgen, er kann aber sehr wohl durch entsprechend gestaltetes Familienrecht oder durch Verbesserung öffentlicher Sicherheit die soziale Grundlage für ein in diesem Bereich gedeihliches Leben schaffen.[302] Die Beschränkung sozialer Gerechtigkeit auf die Verteilung der instrumentellen Grundgüter durch Rawls und Nussbaums Fokus auf die Verwirklichung menschlicher Fähigkeiten, für deren Rahmenbedingungen der Staat die Verantwortung trägt, stellen eine unüberbrückbar erscheinende Differenz zwischen den beiden Philosophen dar.

Herlinde Pauer-Stauder, die Herausgeberin von Nussbaums *Gerechtigkeit oder das gute Leben*, schreibt in der Einleitung hierzu: „In gewisser Weise sollte man Nussbaums Kritik an Rawls' Theorie des Guten nicht überschätzen, denn ihre Liste des Guten ist weniger als Gegenmodell denn als Erweiterungsvorschlag zu interpretieren, wie auch der Fähigkeiten-Ansatz insgesamt keine Alternative zu Rawls' Grundsätzen der Gerechtigkeit darstellt, sondern eine wichtige theoretische Perspektive für deren Spezifizierung und Modifikation erschließt“[303]. Vor dem Hintergrund der Tatsache, dass Nussbaum die Tradition der Vertragstheorie aus guten Gründen kontestiert und Rawls' Liste der Grundgüter nicht nur als unzureichend darstellt, sondern auch deren

301 Nussbaum, Martha: Gerechtigkeit oder das gute Leben. Frankfurt: Suhrkamp 1999, S. 66.

302 Vgl. Nussbaum 2000, S. 82.

303 Pauer-Studer, Herlinder: Einleitung zu „Gerechtigkeit oder das gute Leben“, hrsg. v. Martha C. Nussbaum. Frankfurt/Main: Suhrkamp 1999, S. 9.

ökonomischen Charakter anprangert, kann eine solche Einschätzung nicht überzeugen. Vielmehr kommt es Nussbaum darauf an zu zeigen, dass das abstrakte Gedankenexperiment einer Vertragssituation keine geeignete Grundlage für die Ausarbeitung der Bedingungen für eine gerechte Gesellschaft ist, weil zum einen Menschen unterschiedlich sind und zum anderen die Pauschalannahme, eine größere Menge an Gütern und Ressourcen sei für jede Person von Vorteil, nicht stimmt.

Letztlich ist es aber der Vorrang des Guten vor dem Rechten, der Nussbaum von Rawls entfernt. Während Rawls eine gerechte Grundstruktur der Gesellschaft erarbeiten will, geht es Nussbaum normativ um die Konzipierung politischer Bedingungen für ein gutes und gedeihliches Leben. Das Primat des Guten, das auf aristotelischer Ethik gründet, macht Nussbaum eindeutig zu Rawls' Konkurrentin. Dass sich ihre „starke vage Theorie des Guten" gegenüber Rawls' Gerechtigkeit als Fairness zu behaupten vermag, ist hier auch ersichtlich geworden.

5.3 Mängel und Grenzen des Capabilities Approach

Mögliche Einwände gegen Nussbaums Capabilities Approach wurden bereits mehrfach in einzelnen Kapiteln angesprochen und kommentiert. An dieser Stelle sollen diese Einwände rekapituliert und um neue Punkte, die sich aus der neuesten Capability-Forschung ergeben, ergänzt werden.

(1) Zunächst einmal ist festzuhalten, dass die philosophischen **Grundlagen** der Nussbaumschen Konzeption grundsätzlich infrage gestellt werden können. John Wallach meint etwa: „[Nussbaum] gives us Aristotle without slavery, Marx without communistic politics, Rawls without the veil of ignorance."[304]. Diese Einschätzung hängt mit dem Vorwurf der Selektivität zusammen. Die Tatsache, dass Nussbaum nur auf bestimmte Gedanken zurückgreift und ande-

304 Wallach, Contemporary Aristotelism, a. a. O. 1992, S. 628 f.

re außer Acht lässt, muss ihren Ansatz jedoch nicht gleich unplausibel erscheinen lassen. Zum einen verfolgt Nussbaum einen neoaristotelischen Ansatz, der auf heutige Zeiten zugeschnitten ist. Zum zweiten muss gesagt werden, dass die Marxsche Vision einer klassenlosen Gesellschaft für ihre Zwecke nicht relevant ist. Es sind ausschließlich Marx' Thesen über die Materialität des Menschen sowie seine Analyse der Arbeitsverhältnisse, die für die Konzipierung der aristotelischen Sozialdemokratie von Bedeutung sind. Zum dritten muss bemerkt werden, dass Nussbaum den Rawlsschen „Schleier des Nichtwissens" durchaus berücksichtigt. Die intensive Auseinandersetzung mit Rawls erfolgte jedoch nach 1992, weshalb Wallachs Einwand seinerzeit vielleicht zutraf.

(2) Es kann ferner behauptet werden, dass der Capabilities Approach keine eigenständige **Gerechtigkeitstheorie**, sondern lediglich ein Versuch ist, auf die Bedeutung von Verwirklichungschancen der Bürger hinzuweisen. In der Tat weist der Capabilities Approach den Nachteil systematischer Zersplitterung auf und stellt nach Meinung mehrerer Kommentatoren keine einheitliche und umfassende Gerechtigkeitstheorie dar. So zum Beispiel Robeyns:

> „Moreover, it would be a mistake to think that there can be only one capability theory of justice; on the contrary, the open nature of the capability approach allows for the development of a family of capability theories of justice. (...) If capability scholars want to develop a full theory of justice, they will also need to explain on what bases they will justify their principles or claims. (...) much of the philosophical work needed for turning the open-ended capability approach into a specific theory of justice remains to be done."[305]

305 Robeyns 2011.

Trotz dieser Bemerkung ist der Capabilities Approach gerade in der Version von Martha C. Nussbaum nicht zu unterschätzen. Ihr Ansatz charakterisiert sich durch einen Katalog fundamentaler menschlicher Grundfähigkeiten, dessen Umsetzung in einer politischen Ordnung das Erreichen der minimalen Schwelle sozialer Gerechtigkeit markiert. Wenn man unter Gerechtigkeitstheorie die systematische und normative Bestimmung einer solchen Schwelle versteht, dann erfüllt Nussbaums Fähigkeiten-Ansatz diese Bedingung.

In diesem Zusammenhang kann ein weiterer Einwand erhoben werden. Robeyns bemängelt in einem aktuellen Aufsatz, dass Nussbaum lediglich zwei Hauptforschungsgegenstände im Capabilities-Diskurs sieht, nämlich die Definierung *einer* Gerechtigkeitstheorie sowie der Versuch, (komparative) Analysen der Lebensqualität anzustellen. Sie weist darauf hin, dass der Ansatz eine ganze Reihe an weiteren Fragestellungen aufwirft, die systematisch zu untersuchen wären, wie etwa Analyse von Effizienz, Konzeptualisierung sozialer Phänomene oder Kapitalismuskritik. Aus diesem Grund fordert Robeyns keine umfassende Gerechtigkeitstheorie, sondern vielmehr einen „Capabilitarianism", für den sie zwölf gemeinsame Merkmale definiert und für eine Vielzahl von Capability-Theorien für anwendbar erklärt. Daraus folgt ein programmatischer Aufruf, der darüber Aufschluss gibt, wie weit sich Nussbaums Ansatz in der Forschung mittlerweile verselbständigt hat:

> „We should, therefore, not let ourselves be put in a straitjacket by thinking that the capability approach can only be a theory of justice or an account of the quality of life. The capability approach, when properly understood, can be developed into a very broad range of capability accounts and theories as the existing literature forcefully highlights. It could well be that the entire reach of the capability approach has not been fully discovered yet".[306]

306 Robeyns, Ingrid, Capabilitarianism, Journal of Human Development and Capabilities, 17(3), 2016, pp. 397–414, S. 397–414, hier: S. 409.

(3) In seinem kritischen Beitrag *Can the Capability Approach Be Justified?* stellt Thomas Pogge die These auf: „[N]either Sen nor Nussbaum has so far shown that the capability approach can produce a public criterion of social justice that would be a viable competitor to the more prominent resourcist views“[307]. Pogge argumentiert, dass der Capability-Begriff den **Ressourcen-Ansatz** nicht unplausibel macht, denn dieser verneint die Handlungsfreiheit des Menschen nicht: Sie können nach dem Ressourcen-Ansatz in dem Ausmaß „haben“ oder „konsumieren“, in dem sie es für nötig halten, um gut funktionieren zu können. Dass Menschen mit Behinderungen besonderer Güter bedürfen oder Kinder mehr Proteine brauchen, wird vom Ressourcen-Ansatz nicht bestritten. Pogge macht den Capabilities Approach gewissermaßen lächerlich, indem er imputiert, dass nach der Logik des Capabilities Approach jede mögliche natürliche Differenz zwischen Personen, darunter auch ihre Haarfarbe, einen Grund für soziale Distribution liefern könnte. Diese Unterstellung ist gegenüber Nussbaums Fähigkeiten-Ansatz, der auf die Auflistung der für ein gedeihliches Leben wertvollen und notwendigen Grundfähigkeiten abzielt, unfair. Ferner muss Pogges Verteidigung des Ressourcen-Ansatzes als nicht gelungen betrachtet werden, weil es Situationen (auch in Pogges eigenem Beispiel mit blinden Personen und Verkehrsampeln) gibt, bei denen es geradezu unmöglich ist, auf eine Konzeption wie menschliche Fähigkeiten zu verzichten.[308]

(4) Was Nussbaums anthropologisches Argument anbelangt, so kann eingewendet werden, dass sie dabei **Fehlschlüsse** begeht. Jörke nennt drei Arten von möglichen anthropologischen Fehlschlüssen.[309]

307 Pogge, Thomas C.: Can the Capabilities Approach Be Justified? In: Philosophical Topics 30/2 (2002), S. 167–228, hier: S. 167.

308 Vgl. Oosterlaken, Ilse: Is Pogge a Capability Theorist in Disguise? A Critical Examination of Thomas Pogge's Defence of Rawlsian Resourcism. In: Ethical Theory and Moral Practice, 27 January 2012. URL: https://link.springer.com/article/10.1007/s10677-012-9344-9, zuletzt abgerufen am 09.10.2020.

309 Jörke 2005, S. 56ff. Jörke formuliert die Fehlschlüsse nicht im Zusammenhang mit Nussbaum.

Zunächst ist es der naturalistische Fehlschluss, der aus dem Vorhandensein eines Sachverhalts (im Falle Nussbaums das Vorhandensein menschlicher Grundfunktionen) unberechtigterweise ein Sollenssatz herleitet (im Falle Nussbaums der normative Anspruch darauf, dass die Grundfunktionen des Menschen zu wertvollen Fähigkeiten entwickelt werden sollen). Dieser Fehlschluss trifft für Nussbaum nicht zu, wenn ihre anthropologische Begründung nicht „biologistisch", sondern „interpretativ" aufgefasst wird. Da nahelegt worden ist, dass die zweite Lesart Nussbaums Verständnis entspricht, ist der Vorwurf des naturalistischen Fehlschlusses zurückzuweisen.[310]

Zum zweiten nennt Jörke den ethnozentrischen Fehlschluss, der dann entsteht, wenn der Mensch mit seinem konkreten geschichtlich-kulturellen Hintergrund unzulässigerweise die eigene Lebensform verallgemeinert und auf die Vorstellung einer vermeintlich homogenen Menschheit überträgt. Dieser Vorwurf hat in Bezug auf Nussbaum gewisse Relevanz, doch letztlich trifft er nicht zu, weil Nussbaum die Wesensmerkmale des Menschen durch eine kulturübergreifende Analyse zu ermitteln sucht.

Der dritte Fehlschluss ist der rationalistische, der darin besteht, dass anthropologische Annahmen eine nachträgliche Rationalisierungsfunktion übernehmen. Diesen Fehlschluss begeht Nussbaum gewiss nicht, weil ihre Argumentation genau umgekehrt ist: sie geht von anthropologischen Voraussetzungen zuallererst aus.

(5) Bezüglich des **Fähigkeitenkataloges** selbst sind drei Kritikpunkte zu erwähnen, die in der Literatur mehrfach angesprochen werden. Erstens wird bemängelt, dass Nussbaum keine Hierarchisierung der Fähigkeiten vornimmt. Sie behauptet in der Tat, dass alle Punkte auf ihrer Liste gleich wichtig sind. Man könnte meinen, dass die meisten Fähigkeiten inkommensurabel sind und allein aus dem Grund die Lis-

310 So auch Sturma, Universalismus und Neuaristotelismus, a. a. O., 2000, S. 286: „Die Liste sollte nicht als Dogma oder verkappter naturalistischer Fehlschluß aufgefaßt werden. Sie ist ein Beitrag zum interkulturellen Diskurs über soziale Gerechtigkeit und steht immer unter einem Revisionsvorbehalt".

te als ein Ganzes zu postulieren ist; dies ist jedoch bestreitbar. Vielmehr ist es kontraintuitiv und im Hinblick auf die praktische Menschenrechts- und Entwicklungsarbeit hinderlich zu behaupten, dass zum Beispiel die Fähigkeit zum Spiel und Erholung genauso relevant sein soll wie die Fähigkeit, vor sexueller Gewalt angemessen geschützt zu sein. Dies bemerkt Susan Wolf in ihrem Nussbaum-Kommentar:

> „Priorities do need to be set about which functional capabilities should be attended to first. And though setting priorities among values is not the same as trading off one value for another (promoting one good before another is not the same as sacrificing the latter for the former), one cannot entirely avoid the need to make trade-offs either“[311].

311 Wolf, Susan: Commentary to „Human Capabilities, Female Human Beings“ by Martha C. Nussbaum. In: Jonathan Glover/Martha C. Nussbaum (Hrsg.): Women, Culture, and Development. A Study of Human Capabilities, Oxford: Clarendon Press 1995, S. 105–115, hier: S 106. Vgl. auch Nelson, From Primary Goods to Capabilities, a. a. O. 2008, S. 97: „Nussbaum accepts no such hierarchy among the different capabilities. All are equally central human entitlements, and all flow equally directly from the idea of human dignity, as she understands it. There is no relationship of priority among the different capabilities, except, presumably, in the very narrow sense that some are necessary conditions for the enjoyment of others (e. g., one cannot participate in politics if one has no freedom of movement). But it quickly becomes clear that not all of Nussbaum's capabilities are created equal. The first signal to this effect is her claim that ‚some items on the list may seem to us more fixed than others. For example, it would be astonishing if the right to bodily integrity were to be removed from the list.‘ Others, she continues, such as those involving ‚other species and the world of nature,‘ might seem more debatable. Nussbaum insists that we should not be concerned about this state of affairs because ‚the list remains open-ended and humble,‘ and can always be ‚contested.‘ But why exactly is it that some of these capabilities seem more ‚fixed‘ to us than others? And is it coincidental that these more fixed capabilities appear to correspond rather closely to Rawls's list of nonnegotiable liberties? Our intuition would surely be that capabilities which are equally central should seem equally fixed. Of course, it might be that our intuition is mistaken in this case, but Nussbaum never explains why this is so. Quite to the contrary, she proceeds to buttress this implied hierarchy by drawing a further distinction between those capabilities on the list which demand equality and those which do not“.

Zum zweiten kann der Inhalt des Fähigkeitenkataloges kritisiert werden. Jörke bemerkt etwa, dass Nussbaum Phänomene wie Macht und Gewalt nahezu vollständig ausblendet. Für sie ist die weitgehende Abwesenheit dieser Phänomene konstitutiv für ein gutes Leben.[312]

Zum dritten ist Nussbaums kühner Versuch, einen Grundfähigkeiten-Katalog mit dem Anspruch auf universelle Geltung, anfechtbar. Es kann argumentiert werden, dass ihre Liste überhaupt nicht vage bzw. dünn ist. Diesem Kritikpunkt ist bedingt zuzustimmen. Nussbaums Liste ist in der Tat umfassend und geht in einigen Punkten möglicherweise über die minimale Schwelle sozialer Gerechtigkeit hinaus. Die Forderung danach, dass Angestellte befähigt sein sollten, auf der Grundlage gegenseitiger Anerkennung in Beziehung zu treten, erinnert an den vielfach kritisierten Artikel 24 der Allgemeinen Erklärung der Menschenrechte, dem zu Folge jeder das Recht auf regelmäßigen bezahlten Urlaub hat. Durch Postulierung so weit gehender Rechte wird das kritische Potenzial der Menschenrechte, auf eklatante Verletzungen von fundamentalen menschlichen Ansprüchen (zum Beispiel Folterverbot) hinzuweisen, gleichsam aufs Spiel gesetzt. Wegen der fehlenden Hierarchisierung innerhalb des Grundfähigkeiten-Katalogs ist diese Gefahr nicht zu unterschätzen. In diesem Kontext stellt sich zudem die Frage, inwiefern Menschenrechte auch gleichzeitig Verpflichtungen nicht nur an staatliche Akteure, sondern auch an Bürger selbst implizieren. Im nach dem 2. Weltkrieg etablierten Menschenrechtsregime wird das Individuum als „partielles Völkerrechtssubjekt" anerkannt. Dies geht einher mit der Verantwortlichkeit des Individuums für völkerrechtliche Verbrechen.[313] Somit würde es vernünftig erscheinen, nicht nur Menschenrechte, sondern auch Menschenpflichten zu formulieren – ein Aspekt, der wegen der Fixierung der Anforderungen an den Staat bei Nussbaum gänzlich fehlt. In Artikel 10 des „Katalogs der Menschenpflichten", der im Rahmen

312 Jörke 2005, S. 98

313 Hobe, Stephan u. Otto Kimminich (Hrsg.) (2004): Einführung in das Völkerrecht, 8. Auflage, Tübingen: A. Francke Verlag, S. 160 f.

eines studentischen Projekts entstand, wird ganz im Sinne des Capabilities Approach vorgeschlagen: „Alle Menschen haben die Pflicht, ihre *Fähigkeiten* durch Fleiß und Anstrengung zu entwickeln (...)".[314]

Die Länge der Liste legt ferner die Befürchtung nahe, dass Nussbaums Fähigkeiten-Ansatz unrealistisch und in Bezug auf die Möglichkeit politischer Umsetzung naiv ist. Feldman und Gellert kommen zu der Schlussfolgerung: „[Nussbaum] is also naïve about the politics of development policy, the interests it serves and the bureaucratic constraints, including its technocratic, anti-political character that shape its implementation"[315]. Die Operationalisierung des Capabilities Approach war nicht Gegenstand dieser Arbeit, die Frage kann lediglich im Lichte der Konzeption der aristotelischen Sozialdemokratie betrachtet werden. Hierbei ist festzuhalten, dass Nussbaums Modell mit seinem Fokus auf die distributive Funktion des Staates sehr wohl umsetzbar ist. Historisch ist ein ähnliches Modell in skandinavischen Staaten mit Erfolg erprobt worden.[316] Nussbaums Ideen zur Bildung sind nicht naiv, sondern weisen ein Implementierungspotenzial auf.

(6) Die **Kritik an dem „GDP Approach"**, der den Entstehungshintergrund des Fähigkeiten-Ansatzes darstellt, könnte ferner als unberechtigt zurückgewiesen werden. Legitime Argumente liefert anhand statistischer Untersuchungen Steven Pinker, der in seiner Lobeshymne auf die Errungenschaften der Aufklärung sogar die Behauptung wagt, dass der nach dem 2. Weltkrieg beispiellos hohe Anstieg des weltweiten Bruttoinlandsprodukts eigentlich eine erhebliche Unter-

314 Goodhill, Jane (Hrsg.) (2011): Menschenpflichten. Eine Liebeserklärung in 19 Artikeln, Frankfurt: Büchergilde Gutenberg. Es handelt sich offenkundig um eine Anspielung auf Artikel 26 der Allgemeinen Erklärung der Menschenrechte der Vereinten Nationen (Recht auf Bildung) „Die Bildung muss auf die volle Entfaltung der menschlichen Persönlichkeit und auf die Stärkung der Achtung vor den Menschenrechten und Grundfreiheiten gerichtet sein".

315 Feldman/Gellert, The Seductive Quality of Central Human Capabilities, a. a. O. 2006, S. 427.

316 „Die europäische Sozialdemokratie schien mir in der Tat beispielhaft für die politischen Ziele zu sein, für die ich in der Arbeit an meinem Fähigkeitenansatz eingetreten bin". Nussbaum 2019, S. 287.

schätzung des allgemeinen Wohlstandszuwachses darstelle.[317] Denn die eigentliche Kaufkraft jedes Einzelnen sei entscheidender als der Gesamtwert der hergestellten Waren und erbrachten Dienstleistungen, sodass sowohl in historischer als auch in komparativer Betrachtung gefragt werden sollte, welche Mengen an Produkten man sich für eine Werteinheit, die in einem gegebenem Zeitraum als Arbeitslohn oder durch sonstige Einkommensquellen erworben wird, tatsächlich leisten kann. Pinkers Fazit: der Einzelne kann sich im Durchschnitt wesentlich mehr leisten als vor 50 oder 100 Jahren. Noch bedeutsamer als der nummerische Indikator des Bruttoinlandsprodukts oder der Kaufkraftindex ist jedoch Pinkers Erkenntnis, dass der materielle Wohlstand insgesamt mit jedem anderen Indikator für das menschliche Wohlergehen korreliert. In Bezug auf Nussbaum kann also behauptet werden, dass die Verwirklichungschancen eines jeden Mitglieds der Gesellschaft tendenziell steigen, unabhängig davon, welche Messgrößen bzw. Indikatorensätze zugrunde gelegt werden. Alternative Messungen der Lebensqualität, die für ihren Fähigkeiten-Ansatz konstitutiv sind, werden dadurch obsolet:

> „Though it's easy to sneer at national income as a shallow and materialistic measure, it correlates with every indicator of human flourishing (…). Most obviously, GDP per capita correlates with longevity, health, and nutrition. Less obviously, it correlates with higher ethical values like peace, freedom, human rights, and tolerance. Richer countries, on average, fight fewer wars with each other, are less likely to be riven by civil wars, are more likely to become and stay democratic and have greater respect for human rights (…) Not surprisingly, as countries get richer they get happier.“[318]

317 Pinker, Steven (2018): Enlightenment Now. The Case for Reason, Science, Humanism, and Progress, New York: Penguin, S. 81.

318 A. a. O., S. 96.

(7) Es kann bemängelt werden, dass Nussbaums Capabilities Approach keine **Analyse des extremen Reichtums** und der Stellung der Reichen überhaupt in der Gesellschaft vornimmt. In der Tat fokussiert sich der Ansatz gezielt auf die Analyse von Armut und Entbehrlichkeit, die Rolle der Vermögenden wird allenfalls im Kontext wohltätiger Werke betrachtet. Dass Reiche ein Problem für die Entwicklungsethik darstellen, wird vermehrt in aktuellen Beiträgen des *Journal of Human Development and Capabilities* beleuchtet.[319] Robeyns macht diesen Einwand gegen Nussbaum aus der Warte des Limitarianismus aus. Dieser Position zu Folge ist eine Vermögensobergrenze legitim, da niemand in der Gesellschaft einen Überschuss an finanziellen Mitteln („surplus money") besitzen sollte. Ein Überschuss ist dadurch definiert, dass er über das Bedürfnis, ein gedeihliches Leben zu führen, hinausgeht.[320] Robeyns untermauert ihre These mit Umfragewerten aus einer niederländischen Studie, wonach die meisten Menschen der Auffassung seien, dass man ab einer bestimmten Schwelle von „zu viel Reichtum" sprechen könne.[321] Gegen den extremen Reichtum wird das demokratische Argument angewandt: Reiche mit ihrem Überschuss an Finanzmitteln sind befähigt und geradezu versucht, diesen Überschuss zur Erlangung und Ausübung politischer Macht auszunutzen, was eine Gefahr für den Zusammenhalt einer demokratischen Gesellschaft darstellt. Denn auf diese Weise kann die politische Gleichheit aller Bürger, die für eine Demokratie essentiell ist, ins Wanken geraten.

Die Kritik verbindet sich mit dem Gedanken, dass extremer Geldüberschuss keinen nennenswerten Beitrag zum gedeihlichen Leben beisteuert. Robeyns schlägt daher vor, dass die Mittel stattdessen bei-

319 Ich beziehe mich exemplarisch auf: Robeyns, Ingrid (2019): What, if Anything, is Wrong with Extreme Wealth?, Journal of Human Development and Capabilities, Band 20(3), S. 251–266. Burchardt, Tania u. Rod Hick (2018): Inequality, Advantage and the Capability Approach. Journal of Human Development and Capabilities 19 (1): 38–52.

320 Robeyns 2019, S. 251–266, hier: S. 252.

321 A.a.O., S. 254.

spielsweise für den Kampf gegen den Klimawandel und die Armut eingesetzt werden könnten: „The limitarian principle, however, would not allow this: all surplus money would have to be allocated to the disadvantaged, the unmet needs of the worst off and address urgent collective action problems“[322]. Einen noch radikaleren Vorschlag unterbreitet Dean Machin, der einen 100-prozentigen Steuersatz für Superreiche fordert.[323] Ob eine derart weitgehende Maßnahme von Nussbaum, die lediglich Peter Singers Solidaritätsgebot (Abgabe von 2 Prozent des Bruttoinlandsproduktes zugunsten der Entwicklungsländer) gefolgt ist, in Erwägung ziehen würde, ist zu bezweifeln und auch aus ihren neueren Schriften nicht ersichtlich.

(8) Ein weiterer Einwand, der im *Journal of Human Development and Capabilities* verstärkt zu finden ist, besteht in der **Kritik der (adaptiven) Präferenzen** und der Art ihrer Interpretation im Capabilities-Diskurs. Heckman und Corbin postulieren eine „Economics of Human Development“, die im Gegensatz zu der Fähigkeitentheorie eine genauere Analyse der Entstehung und Messung menschlicher Fähigkeiten ermöglichen soll. Ihre Entwicklungsökonomik umfasst die Dynamik der Entstehung von Befähigungen, die, so das Argument, dem ursprünglichen Fähigkeiten-Ansatz nach Nussbaum und Sen fehlte.[324] Eine solche Theorie erscheint unerlässlich, da alle Bewertungen des menschlichen Wohlergehens auf Präferenzen bzw. tatsächlichen Funktionsweisen und Tätigkeiten basieren. Dieses systematische Problem ist im liberal konnotierten Capability-Begriff selbst bereits enthalten. Der Ansatz ist bestrebt, Verwirklichungschancen und Entfaltungsmöglichkeiten zu schaffen, diese sind jedoch empirisch nicht beobachtbar. Erschwerend kommt hinzu, dass Nussbaum einen *Set of Opportinities* verlangt, auf den die Individuen unabhängig von ihren Präferenzen grundsätzlich Anspruch haben sollen. Aller-

322 A. a. O., S. 261.

323 Machin, Dean (2013): Political Inequality and the ‚Super-rich‘: Their Money or (some of) their Political Rights, Res Publica 19, 121–139.

324 Heckman, James J. u. Chase O. Corbin (2016): Capabilities and Skills, Journal of Human Development and Capabilities, Band 17(3), S. 342–359.

dings können Präferenzen oft gleichzeitig Fähigkeiten sein, auf die das Individuum Wert legen kann:

> „Preferences are often valued skills. More conscientious people may be less happy than others, but they may make better watchmakers or surgeons. The preference-skill dichotomy is ultimately a false one."[325]

Die Entwicklungsökonomik versucht, Fähigkeiten und Präferenzen differenziert zu betrachten, ohne dabei Lösungen für normative Fragen zu liefern. Das bedeutet, dass sich die Entwicklungsökonomik von dem ambitionierten Programm des Capabilities Approach entfernt, da sie keinen Katalog der Grundfähigkeiten aufstellt und nicht darüber befindet, welche Präferenzen „gut" sind. Auch Robeyns scheint Nussbaums „starke vage Theorie des Guten" auf diese Weise zu konterkarieren. Sie lässt die Möglichkeit zu, dass bestimmte Capability-Theorien nicht nur Fähigkeiten, sondern auch Funktionsweisen umfassen könnten. Der Fokus auf Autonomie und Handlungsfreiheit denn auf erreichte Tätigkeitsweisen ist für Robeyns kein essentieller Bestandteil des Capabilities Approach; sie erklärt sich sogar mit dem daraus resultierenden Paternalismus einverstanden.[326] Durch diesen fundamentalen Kritikpunkt geht die Nähe zu Nussbaums Theorie beinah verloren.

Die hier erörterten Mängel des Capabilities Approach von Martha C. Nussbaum sind auf ihre jeweilige Weise berechtigt und helfen dabei, den Ansatz tiefer zu verstehen und weiterzudenken. Die Grenzen des Capabilities Approach hat Amartya Sen vielleicht am treffendsten charakterisiert. Das letzte Wort sei daher dem Vordenker dieser nach wie vor wirkungsmächtigen Entwicklungsethik gegeben:

325 A. a. O., S. 346.
326 Robeyns 2016, S. 402.

„Interestingly enough, despite this incompleteness, the capability approach does have considerable ‚cutting power'. In fact, the more challenging part of the claim in favour of the capability approach lies in what it denies. It differs from the standard utility-based approaches in not insisting that we must value only happiness (and sees, instead, the state of being happy as one among several objects of value), or only desire fulfilment (and takes, instead, desire as useful but imperfect evidence–frequently distorted–of what the person herself values). It differs also from other–non-utilitarian–approaches in not placing among value-objects primary goods as such (accepting these Rawlsian-focus variables only derivatively and instrumentally and only to the extent that these goods promote capabilities), or resources as such (valuing this Dworkinian perspective only in terms of the impact of resources on functionings and capabilities), and so forth."[327]

327 Sen, Capability and Well-Being, a. a. O. 1993, S. 48.

6 Schlussbemerkung

Das Erkenntnisinteresse dieser Einführung bestand zum einen im Aufzeigen, dass der Grundfähigkeitenkatalog von Martha C. Nussbaum als ein Begründungsversuch der Menschenrechte interpretiert werden kann. Es wurde dargelegt, dass die Rechtfertigung der Menschenrechte im Falle des Capabilities Approach auf das anthropologische Argument, nämlich auf die Annahme von kulturunabhängigen Wesensmerkmalen des Menschen, zurückgeführt wird. Der Rechtfertigungsversuch der Menschenrechte ist legitim, wenn diese Herleitung nicht in metaphysischen oder biologistischen Kategorien begriffen wird. Es wurde gezeigt, dass die interpretative Leistung, die in der Analyse der gemeinsamen Lebensform „von innen heraus" besteht, eine plausible und überzeugende Fundierung der Menschenrechte nahelegt, und dass Nussbaums Konzeption der Grundfähigkeiten dem Inhalt und Anspruch nach den Menschenrechten, wie sie in der Allgemeinen Erklärung der Menschenrechte der Vereinten Nationen formuliert sind, in der Tat entspricht.

Zum zweiten wurde angestrebt, die Aufgaben der öffentlichen Politik, die sich aus dem Fähigkeiten-Ansatz ergeben, kritisch zu beleuchten. Es wurde die These verteidigt, dass die Vorteile der Konzeption der „aristotelischen Sozialdemokratie" deren Schwachstellen zu übertrumpfen vermögen. Nussbaums moderater Kosmopolitanismus wurde vor dem Hintergrund der Praktikabilität des Capabilities Approach für nachvollziehbar, wenngleich für inkonsequent befunden.

Zum dritten wurde der Versuch unternommen, Nussbaums Capabilities Approach als eine eigenständige Gerechtigkeitstheorie zu begreifen, die durch ihren Fokus auf die Fähigkeiten statt auf das Nützlichkeitskriterium dem Utilitarismus und der Rawlsschen Konzeption der Grundgüter überlegen ist. Inwieweit diese kühne These vor dem Hintergrund zahlreicher weiterer Fragen letztlich überzeugt, müsste an einer anderen Stelle systematisch untersucht werden.

7 Literaturverzeichnis

Quellen

Nussbaum, Martha C. (2020): Kosmopolitismus. Revision eines Ideals, Darmstadt: Wissenschaftliche Buchgesellschaft

Nussbaum, Martha (2019). The Cosmopolitan Tradition: A Noble but Flawed Ideal Harvard University Press

Nussbaum, Martha C. (2019): Fähigkeiten schaffen. Neue Wege zur Verbesserung menschlicher Lebensqualität, Freiburg/München: Verlag Karl Alber

Nussbaum, Martha C. (2019): Königreich der Angst. Gedanken zur aktuellen politischen Krise, Darmstadt: Wissenschaftliche Buchgesellschaft

Nussbaum, Martha and Levmore, Saul (2017). Aging Thoughtfully: Conversations about Retirement, Romance, Wrinkles, and Regret. New York, Oxford University Press

Nussbaum, Martha C. (2017): Zorn und Vergebung: Plädoyer für eine Kultur der Gelassenheit, Darmstadt: Wissenschaftliche Buchgemeinschaft

Nussbaum, Martha (2016). Anger and Forgiveness: Resentment, Generosity, Justice

Nussbaum, Martha C. (2014): Die neue religiöse Intoleranz. Ein Ausweg aus der Politik der Angst, Darmstadt: Wissenschaftliche Buchgesellschaft

Nussbaum, Martha C. (2014): Politische Emotionen: Warum Liebe für Gerechtigkeit wichtig ist, Frankfurt: Suhrkamp Verlag

Nussbaum, Martha C. (2013): Political Emotions. Why Love Matters for Justice, Harvard University Press

Nussbaum, Martha C. (2011): Creating Capabilities. The Human Development Approach, Cambridge (Mass.): Harvard University Press

Nussbaum, Martha C. (2010): Die Grenzen der Gerechtigkeit. Behinderung, Nationalität und Spezieszugehörigkeit, Berlin: Suhrkamp

Nussbaum, Martha C: (2009) Therapy of Desire. Theory and Practice in Hellenistic Ethics, 3. Auflage, Princeton University Press

Nussbaum, Martha C. (2008): Education for Profit, Education for Freedom. First annual Seymour J. Fox Memorial Lecture, The Hebrew University of Jerusalem, 16. Dezember 2007. Zuerst veröffentlicht am 24. Januar 2008. URL: https://de.scribd.com/document/271448004/Martha-Nussbaum-Education-for-Profit-Education-for-Freedom, zuletzt abgerufen am 9. Oktober 2012

Nussbaum, Martha C. (2007): Human Rights and Human Capabilities. In: Harvard Human Rights Journal 20, S. 21–24

Nussbaum, Martha C. (2007): Liberty of Conscience. In Defense of America's Tradition of Religious Equality. New York: Basic Books 2007

Nussbaum, Martha C. (2007): The Capabilities Approach and Ethical Cosmopolitanism. A Response to Noah Feldman, The Yale Law Journal 123, S. 123–129

Nussbaum, Martha C. (2006): Frontiers of Justice. Disability, Nationality, Species Membership, Cambridge (Mass.): Harvard University Press

Nussbaum, Martha C. (2004): Hiding from Humanity. Disgust, Shame and the Law, Princeton: Princeton University Press

Nussbaum, Martha C. (2004): Reply to Okin. In: Philosophy and Public Affairs 32, S. 193–205

Nussbaum, Martha C. (2003): Cultivating Humanity in Legal Education. In: The University of Chicago Law Review 70/1, S. 265–279

Nussbaum, Martha C. (2003): Langfristige Fürsorge und soziale Gerechtigkeit. Eine Herausforderung der konventionellen Idee des Gesellschaftsvertrags. In: Deutsche Zeitschrift für Philosophie 51, Heft 2, S. 179–198

Nussbaum, Martha C. (2003): Rawls and Feminism. In: Samuel Freeman (Hrsg.): The Cambridge Companion to Rawls, Cambridge University Press 2003, S. 488–520

Nussbaum, Martha C. (2003): Upheavals of Thought. The Intelligence of Emotions, 3. Auflage, Cambridge University Press

Nussbaum, Martha C. (2002): Capabilities and Disabilities. Justice for Mentally Disabled Citizens. In: Philosophical Topics 30, Bd. 2, S. 133–165

Nussbaum, Martha C. (2002): Konstruktionen der Liebe, des Begehrens und der Fürsorge. Drei philosophische Aufsätze, Stuttgart: Reclam

Nussbaum, Martha C. (2000): Women and Human Development. The Capabilities Approach, Cambridge University Press 2000

Nussbaum, Martha C. (1999): Gerechtigkeit oder das gute Leben, hrsg. v. Herlinde Pauer-Studer, Frankfurt am Main: Suhrkamp

Nussbaum, Martha C. (1997): Cababilities and Human Rights, in: The Philosophy of Human Rights, hrsg. v. Patrick Hayden, St. Paul: Paragon, S. 212–240

Nussbaum, Martha C. (1996): Patriotism and Cosmopolitanism. In: Joshua Cohen (Hrsg.): For Love of Country: Debating the Limits of Patriotism. Martha C. Nussbaum with respondents, Boston: Beacon Press, S. 2–17

Nussbaum, Martha C. (1995): Menschliches Tun und soziale Gerechtigkeit. Zur Verteidigung des aristotelischen Essentialismus. In: Michael Brumlik/Hauke Brunkhorst (Hrsg.): Gemeinschaft und Gerechtigkeit. Frankfurt am Main: Fischer, S. 323–361

Nussbaum, Martha C./Jonathan Glover (Hrsg.) (1995): Women, Culture, and Development. A Study of Human Capabilities, Oxford: Clarendon Press

Nussbaum, Martha C./Amartya Sen (Hrsg.) (1993): The Quality of Life. A Study for the World Institute for Development Economics Research (WIDER) of the United Nations University, Oxford: Clarendon Press

Nussbaum, Martha C. (1992): Aristotle, Feminism, and Needs for Functioning. In: Texas Law Review 70, S. 1019–1028

Nussbaum, Martha C. (1992): Human Functioning and Social Justice. In Defense of Aristotelian Essentialism. In: Political Theory 20, S. 202–246

Nussbaum, Martha C. (1990): Aristotelian Social Democracy. In: R. Bruce Douglass/Gerald M. Mara/Henry S. Richardson (Hrsg.): Liberalism and the Good. New York/London: Routledge, S. 203–252

Sekundärliteratur

Alkire, Sabina (2002): Valuing Freedoms: Sen's Capability Approach and Poverty Reduction, Oxford: Oxford University Press

Alkire, Sabina; Wangdi, Karma; Zangmo, Tshoki (2012). Alkire, Sabina; Wangdi, Karma; Zangmo, Tshoki (2012). An extensive analysis of GNH index, hrsg. v. Centre for Bhutan Studies, Thimphu

Amerika ist nicht bereit für eine Präsidentin. Ein Interview mit Martha C. Nussbaum. In: „Cicero“ vom 20. Dezember 2006. URL: http://www.cicero.de/weltb%C3%BChne/amerika-ist-nicht-bereit-f%C3%BCr-eine-pr%C3%A4sidentin/37727, zuletzt abgerufen am 5. Oktober 2020

An Interview with Martha Nussbaum. In: Philosophy for Life, URL: https://www.philosophyforlife.org/blog/an-interview-with-martha-nussbaum, zuletzt abgerufen am 5. Oktober 2020

Appiah, Kwame Anthony (1996): Cosmopolitan Patriots. In: Joshua Cohen (Hrsg.): For Love of Country: Debating the Limits of Patriotism. Martha C. Nussbaum with respondents, Boston: Beacon Press, S. 21–29

Appiah, Kwame Anthony (2007): Cosmopolitanism. Ethics in a World of Strangers, London: Penguin

Aristoteles (1989): Politik. Übers. u. hrsg. v. Franz F. Schwarz, Stuttgart: Reclam (=Schriften zur Staatstheorie)

Aristoteles (2005): Metaphysik. Hrsg. v. Ursula Wolf, übers. v. Hermann Bonitz, Hamburg: Rowohlt

Aristoteles (2006): Nikomachische Ethik. Übers. u. hrsg. v. Ursula Wolf, Hamburg: Rowohlt

Baier, Annette (1995): The Need for More than Justice. In: Held, Boulder (Hrsg.): Justice and Care. Essential Readings in Feminist Ethics, Westview, S. 47–60

Bendik-Keymer: From humans to all of life: Nussbaum's transformation of dignity, in: Capabilities, Gender, Equality: Towards Fundamental Entitlements, hrsg. v. Falvio Comim u. Martha C. Nussbaum, Cambridge University Press 2014, S. 175–187

Bentham, Jeremy (1977): A Fragment on Government. In: J.H. Burns/ H.L.A. Hart (Hrsg.): The Collected Works of Jeremy Bentham, London, S. 391–551

Bentham, Jeremy (1987): Anarchical Fallacies. In: Jeremy Waldron (Hrsg.): Nonsense on Stilts: Bentham, Burke and Marx on the Rights of Man, London/New York

Bielefeldt, Heiner (1998): Philosophie der Menschenrechte. Grundlagen eines weltweiten Freiheitsethos, Darmstadt: Wissenschaftliche Buchgesellschaft

Brighouse, Harry/Ingrid Robeyns (Hrsg.) (2010): Measuring Justice. Primary Goods and Capabilities. Cambridge University Press

Broszies, Christoph/Henning Hahn (Hrsg.) (2010): Globale Gerechtigkeit. Schlüsseltexte zur Debatte zwischen Partikularismus und Kosmopolitismus, Frankfurt am Main: Suhrkamp

Brugger, Winfried/Ulfrid Neumann/Stephan Kirste (Hrsg.) (2008): Rechtsphilosophie im 21. Jahrhundert, Frankfurt am Main: Suhrkamp

Brumlik, Michael/Hauke Brunkhorst (Hrsg.) (1995): Gemeinschaft und Gerechtigkeit, Frankfurt am Main: Fischer

Brunkhorst, Hauke u. a. (Hrsg.) (2015): Habermas-Handbuch. Sonderausgabe, Stuttgart: J. B. Metzler

Bundeszentrale für politische Bildung (2005): Entwicklung und Entwicklungspolitik, Informationen zur politischen Bildung Nr. 286 (1/4), Bonn

Burchardt, Tania u. Rod Hick (2018): Inequality, Advantage and the Capability Approach. Journal of Human Development and Capabilities 19 (1): 38–52

Chen, Martha (1995): A Matter of Survival. Women's Right to Employment in India and Bangladesh. In: Jonathan Glover/Martha C. Nussbaum (Hrsg.): Women, Culture, and Development. A Study of Human Capabilities, Oxford: Clarendon Press

Clark, David A. (2006): Capability Approach. In: Ders. (Hrsg.): The Elgar Companion to Development Studies, Cheltenham: Edward Elgar, S. 32–44

Crocker, David A. (1992): Functioning and Capability. The Foundations of Sen's and Nussbaum's Development Ethic. In: Political Theory 20, S. 584–611

Crocker, David A. (1995): Functioning and Capability. The Foundations of Sen's and Nussbaum's Development Ethics. Part 2. In: Glover, Jonathan/Martha. C Nussbaum (Hrsg.): Women, Culture, and Development. A Study of Human Capabilities. Oxford: Clarendon Press, S. 153–198

Demko, Daniela u. a. (Hrsg.) (2015): Menschenrechte: Begründung, Bedeutung, Durchsetzung, Würzburg: Verlag Königshausen & Neumann

Deneulin, Severine (2002): Perfectionism, paternalism and liberalism in Sen and Nussbaum's capability approach. In: Review of Political Economy 14(4), S. 497–518

Deneulin, Séverine (2013). „Recovering Nussbaum's Aristotelian roots". International Journal of Social Economics. Emerald Insight. 40 (7): 624–632,

Deneulin, Séverine (2014). Wellbeing, justice and development ethics. London New York: Routledge (Human Development and Capability Debates Series),

Deneulin, Séverine/Lila Shahani (Hrsg.) (2009): An Introduction to the Human Development and Capability Approach. Freedom and Agency, London/Washington: Earthscan

Deutsche Gesellschaft für die Vereinten Nationen (Hrsg): Gleiche Menschenrechte für alle. Dokumente zur Menschenrechtsweltkonferenz der Vereinten Nationen in Wien 1993, Bonn: DGVN 1994

Die Regierung ignoriert die teure Glücksformel. In: Welt Online, URL: https://www.welt.de/wirtschaft/article127460986/Die-Regierung-ignoriert-die-teure-Gluecksformel.html, zuletzt abgerufen am 7. Oktober 2020

Dic Verwandlung: Ringen um einen neuen Wohlstandsbegriff. Löst der Genuine Progress Indicator (GPI) die ökologische und feministische Kritik am Bruttoinlandsprodukt (BIP) auf? In: Exploring Eco-nomics, URL: https://www.exploring-economics.org/de/entdecken/die-Verwandlung-neuer-Wohlstandsbe/, zuletzt abgerufen am 8. Oktober 2020

Entwicklung braucht wenig Wachstum. In: „Badische Zeitung" vom 6. Dezember 2010. URL: http://www.badische-zeitung.de/ausland-1/entwicklung-braucht-wenig-wachstum--37423773.html, zuletzt abgerufen am 5. Oktober 2020

Fateh-Moghadam, Bijan: Religiös-weltanschauliche Neutralität und Geschlechterordnung: Strafrechtliche Burka-Verbote zwischen Paternalismus und Moralismus

Fitoussi, Jean Paul/Joseph Stiglitz/Amartya Sen (2010): Mismeasuring Our Lives. Why GDP Doesn't Add Up. New York: The New Press

Forst, Rainer (1997): Gerechtigkeit als Fairneß: ethisch, politisch oder moralisch? In: Philosophische Gesellschaft Bad Homburg/Wilfried Hinsch (Hrsg.): Zur Idee des politischen Liberalismus. John Rawls in der Diskussion, Frankfurt am Main: Suhrkamp, S. 396–419

Freedom in the World – Qatar. In: „Freedom House". URL: https://freedomhouse.org/country/qatar/freedom-world/2020, zuletzt abgerufen am 5. Oktober 2020

Gesang, Bernward u. Julius Schälike (Hrsg.) (2011): Die großen Kontroversen der Rechtsphilosophie, Paderborn: mentis Verlag

Glover, Jonathan (1995): The Research Programme of Development Ethics. In: Glover, Jonathan/Martha C. Nussbaum (Hrsg.): Women, Culture, and Development. A Study of Human Capabilities. Oxford: Clarendon Press, S. 116–139

Goodhill, Jane (Hrsg.) (2011): Menschenpflichten. Eine Liebeserklärung in 19 Artikeln, Frankfurt: Büchergilde Gutenberg

Gosepath, Stefan (2010): John Rawls. Gerechtigkeit für eine pluralistische Gesellschaft. In: Ansgar Beckermann/Dominik Perler (Hrsg.): Klassiker der Philosophie heute, Stuttgart: Reclam, S. 811–830

Green, Thomas Hill (1908): Lecture on Liberal Legislation and Freedom of Contract. In: R. L. Nettleship (Hrsg.): The Works of Thomas Hill Green, Band 3, London [u. a.]

Griffin, James (1986): Well-Being. Its Meaning, Measurement and Moral Importance, Oxford: Clarendon Press

Gutschker, Thomas (2002): Aristotelische Diskurse. Aristoteles in der politischen Philosophie des 20. Jahrhunderts, Stuttgart: Metzler

Habermas, Jürgen (1996): Die Einbeziehung des Anderen. Studien zur politischen Theorie, Frankfurt am Main: Suhrkamp

Habermas, Jürgen (1998), Die postnationale Konstellation. Politische Essays, Suhrkamp Verlag

Habermas, Jürgen (2008): Konstitutionalisierung des Völkerrechts und die Legitimationsprobleme einer verfassten Weltgesellschaft. In: Brugger, Winfried/Ulfrid Neumann/Stephan Kirste (Hrsg.): Rechtsphilosophie im 21. Jahrhundert, Frankfurt am Main: Suhrkamp, S. 360–379

Heckman, James J. u. Chase O. Corbin: Capabilities and Skills, Journal of Human Development and Capabilities, Band 17(3), S. 342–359

Heinrichs, Jan-Hendrik (2006): Grundbefähigungen. Zum Verhältnis von Ethik und Ökonomie, Paderborn: mentis

Hilpert, Konrad (2019): Ethik der Menschenrechte. Zwischen Rhetorik und Verwirklichung, Paderborn: Fredinand Schöningh

Hinkmann, Jens (2002): Ethik der Menschenrechte. Eine Studie zur philosophischen Begründung von Menschenrechten als universalen Normen, Marburg: Tectum

Hobe, Stephan u. Otto Kimminich (Hrsg.) (2004): Einführung in das Völkerrecht, 8. Auflage, Tübingen: A. Francke Verlag

Höffe, Otfried (1992): Ein transzendentaler Tausch. Zur Anthropologie der Menschenrechte, In: Philosophisches Jahrbuch 99, 1. Halbband, S. 1–28

Höffe, Otfried (1999): Demokratie im Zeitalter der Globalisierung, München: C. H. Beck

Höffe, Otfried (2006): Aristoteles. Politik. In: Manfred Brocker (Hrsg.): Geschichte des politischen Denkens. Ein Handbuch, Frankfurt am Main: Suhrkamp, S. 31–46

Hurley, Susan u. Stephen Shute (Hrsg.) (1996): Die Idee der Menschenrechte, Frankfurt am Main: Fischer

Hursthouse, Rosalind (2004): On the Grounding of the Virtues in Human Nature. In: Lutz-Bachmann, Matthias/Jan Szaif (Hrsg.): Was ist das für den Menschen Gute? Menschliche Natur und Güterlehre/What Is Good for a Human Being? Human Nature and Values, Berlin/New York: Walter de Gruyter, S. 263–275

International Monetary Fund: World Economic Outlook Database. URL: https://www.imf.org/external/pubs/ft/weo/2019/02/weodata/index.aspx, zuletzt abgerufen am 6. Oktober 2020

John Alexander, Capabilities and Social Justice. The Political Philosophy of Amartya Sen and Martha Nussbaum

Jörke, Dirk (2005): Politische Anthropologie. Eine Einführung, Wiesbaden: Verl. für Sozialwiss.

Kersting, Wolfgang (2000): Theorien der sozialen Gerechtigkeit, Stuttgart/Weimar: Metzler

Kleist, Chad (2010): Global Ethics. Capabilites Approach. In: Internet Encyclopedia of Philosophy, veröffentlicht am 17. Dezember 2010. URL: http://www.iep.utm.edu/ge-capab, zuletzt abgerufen am 9. Oktober 2020

Knoll, Manuel (2009): Aristokratische oder demokratische Gerechtigkeit? Die politische Philosophie des Aristoteles und Martha Nussbaums egalitaristische Rezeption, München/Paderborn: Fink

Krebs, Angelika (1999): Werden Menschen schwanger? Das „gute menschliche Leben" und die Geschlechterdifferenz. In: Holmer Steinfath (Hrsg.): Was ist ein gutes Leben? Philosophische Reflexionen, S. 235–247

Krenberger, Verena (2008): Anthropologie der Menschenrechte. Hermeneutische Untersuchungen rechtlicher Quellen. Würzburg: Ergon [= Studien zur Phänomenologie und praktischen Philosophie]

Kunze, Axel Bernd (2005): Emanzipatorischer Essentialismus. Die Gerechtigkeitstheorie der amerikanischen Philosophin Martha C. Nussbaum, Berlin: Verlag für Wissenschaft und Forschung

Lukes, Steven (1996): Fünf Fabeln über Menschenrechte. In: Susan Hurley/Stephen Shute (Hrsg.): Die Idee der Menschenrechte. Frankfurt am Main: Fischer Verlag

MacIntyre, Alasdair (1995): Der Verlust der Tugend. Zur moralischen Krise der Gegenwart, Frankfurt am Main: Suhrkamp

MacKinnon, Catherine (1996): Kriegsverbrechen – Friedensverbrechen. In: Hurley, Susan/ Stephen Shute (Hrsg.): Die Idee der Menschenrechte. Frankfurt am Main: Fischer, S. 104–143

Maihofer, Andrea (2000): Martha C. Nussbaum. Gerechtigkeit und das gute Leben. In: Soziologische Revue 23

Menke, Christoph/Arnd Pollmann (2007): Philosophie der Menschenrechte zur Einführung, Hamburg: Junius

Mill, John Stuart (2004): Der Utilitarismus. Übers. v. Dieter Birnbacher, Stuttgart: Reclam

Mügge, Cornelia: Menschenrechte, Geschlecht, Religion: Das Problem der Universalität und der Fähigkeitenansatz von Martha Nussbaum, Bielefeld 2017: transcript Verlag

Nagel, Thomas (2003): Rawls and Liberalism. In: Samuel Freeman (Hrsg.): The Cambridge Companion to Rawls, Cambridge University Press, S. 62–85.

Nelson, Eric (2008): From Primary Goods to Capabilities. Distributive Justice and the Problem of Neutrality. In: Political Theory 36, S. 93–122

O'Neill, Onora (1995): Justice, Capabilities, and Vulnerabilities. In: Jonathan Glover/Martha C. Nussbaum (Hrsg.): Women, Culture, and Development. A Study of Human Capabilities, Oxford: Clarendon Press, S. 140–152

Oosterlaken, Ilse (2012): Is Pogge a Capability Theorist in Disguise? A Critical Examination of Thomas Pogge's Defence of Rawlsian Resourcism. In: Ethical Theory and Moral Practice, 27 January 2012. URL: https://link.springer.com/article/10.1007/s10677-012-9344-9, zuletzt abgerufen am 9. Oktober 2020

Philosophy and public life. Interview with Martha Nussbaum. In: Cogito 5/2006. URL: https://www.eurozine.com/philosophy-and-public-life, zuletzt abgerufen am 5. Oktober 2020

Pinker, Steven (2018): Enlightenment Now. The Case for Reason, Science, Humanism, and Progress, New York: Penguin

Pogge, Thomas (2002): Can the Capability Approach Be Justified? In: Philosophical Topics 30, Bd. 2, S. 167–228

Pollis, Adamantia/Peter Schwab (1979): Human Rights. A Western Construct with Limited Applicability. In: Dies. (Hrsg.): Human Rights. Cultural and Ideologiacal Perspectives. New York: Praeger, S. 1–18

Putnam, Hilary (1993): Objectivity and the Science-Ethics Distinction. In: Martha C. Nussbaum/Amartya Sen (Hrsg.): The Quality of Life. A Study for the World Institute for Development Economics Research (WIDER) of the United Nations University, Oxford: Clarendon Press, S. 143–164

Putnam, Hilary (1996): Must We Choose between Patriotism and Univeral Reason? In: Joshua Cohen (Hrsg.): For Love of Country: Debating the Limits of Patriotism. Martha C. Nussbaum with respondents, Boston: Beacon Press, S. 91–97

Rawls, John (1988): Der Vorrang des Rechten und die Ideen des Guten. In: Hinsch, Wilfried (Hrsg.): John Rawls: Die Idee des politischen Liberalismus. Aufsätze 1978–1989, Frankfurt/Main.

Rawls, John (1993): Eine Theorie der Gerechtigkeit, 7. Auflage, Frankfurt am Main: Suhrkamp

Rawls, John (2002): Das Recht der Völker, Berlin/New York: Walter de Gruyter

Reese-Schäfer, Walter (1997): Grenzgötter der Moral. Der neuere europäisch-amerikanische Diskurs zur politischen Ethik, Frankfurt am Main: Suhrkamp

Richardson, Henry S. (1990): The Problem of Liberalism and the Good. In: R. Bruce Douglass [u. a.] (Hrsg.): Liberalism and the Good, New York/London, S. 1–28

Ricken, Friedo (1997): Ist eine moralische Konzeption der politischen Gerechtigkeit ohne umfassende moralische Lehre möglich? In: Philosophische Gesellschaft Bad Homburg/Wilfried Hinsch (Hrsg.): Zur Idee des politischen Liberalismus. John Rawls in der Diskussion, Frankfurt am Main: Suhrkamp, S. 420–437

Riesenkampff, Isabelle (2005): Ethik und Politik – Aristoteles und Martha C. Nussbaum. Antike Elemente in einem zeitgenössischen, ethischen Ansatz der Entwicklungspolitik, Justus-Liebig-Universität Gießen (Diss.)

Robeyns, Ingrid (2005): The Capability Approach. A Theoretical Survey. In: Journal of Human Development, 6(1), S. 93–114

Robeyns, Ingrid (2011): Rezension zu „Creating Capabilities. The Human Development Approach" (2011), zuerst veröffentlicht am 19.09.2011 in College of Arts and Letters Philosophical Reviews, University of Notre Dame, URL: http://ndpr.nd.edu/news/26146-creating-capabilities-the-human-development-approach-2/, zuletzt abgerufen am 8. Oktober 2020

Robeyns, Ingrid (2011): The Capability Approach. In: Zalta, Edward N. (Hrsg.): The Stanford Encyclopedia of Philosophy. Summer 2011 Edition, URL: https://plato.stanford.edu/entries/capability-approach, zuletzt abgerufen am 8. Oktober 2020

Robeyns, Ingrid (2019) (2019). „What, if Anything, is Wrong with Extreme Wealth?". Journal of Human Development and Capabilities. Journal of Human Development and Capabilities 20:3. 20 (3): 251–266

Robeyns, Ingrid, Capabilitarianism, Journal of Human Development and Capabilities, 17(3), 2016, pp. 397–414,

Robeyns, Ingrid, Wellbeing, Freedom and Social Justice: The Capability Approach Re-examined, Cambridge: Open Book Publishers 2017

Robeyns, Ingrid: An unworkable idea or a promising alternative? Sen's capab-ility approach re-examined, Econometrics Center for Economic Studies, December 2000, URL: https://core.ac.uk/download/pdf/6979068.pdf, zuletzt abgerufen am 8. Oktober 2020

Romero, Julian Molina (2016): Die politische Philosophie von Amartya Sen. Soziale Gerechtigkeit und globale Entwicklung auf Grundlage des Capability Approach, Münster: Mentis-Verlag

Rorty, Richard (1988): Solidarität oder Objektivität? Drei philosophische Essays. Stuttgart: Reclam

Sandel, Michael (1982): Liberalism and the Limits of Justice, Cambridge University Press

Scherer, Christiane (1993): Das Menschliche und das gute menschliche Leben. Martha Nussbaum über Essentialismus und menschliche Fähigkeiten. In: Deutsche Zeitschrift für Philosophie 41 (5) 1993, S. 905–920

Seelmann, Kurt (Hrsg.): Menschenrechte: Begründung - Universalisierbarkeit – Genese, Berlin 2017: Walter de Gruyter

Sen, Amartya (1980): Equality of What? In: S. McMurrin (Hrsg.): The Tanner Lectures on Human Values, Band 1, Salt Lake City,S. 196–220

Sen, Amartya (1982): Rational Fools. A Critique of the Behavioral Foundations of Economic Theory. In: Ders.: Choice, Welfare and Measurement, Oxford 1982

Sen, Amartya (1984): Resources, Values and Development, Oxford: Basil Blackwell

Sen, Amartya (1989): On Ethics and Economics, Oxford [u. a.]: Blackwell

Sen, Amartya (1992): Inequality Re-examined, Oxford: Clarendon Press

Sen, Amartya (1995): Gender Inequality and Theories of Justice. In: Glover, Jonathan/Martha C. Nussbaum (Hrsg.): Women, Culture, and Development. A Study of Human Capabilities. Oxford: Clarendon Press, S. 259–273

Sen, Amartya (2001): Development as Freedom, Oxford University Press

Sen, Amartya (2002): Globale Gerechtigkeit. Jenseits internationaler Gleichberechtigung. In: Christoph Horn/Nico Scarano (Hrsg.): Philosophie der Gerechtigkeit. Texte von der Antike bis zur Gegenwart, Frankfurt am Main: Suhrkamp

Sen, Amartya (2004): ‚Capabilities, Lists and Public Reason. Continuing the Conversation'. In: Feminist Economics, 10(3), S. 77–80

Sen, Amartya (2005): Human Rights and Capabilities. In: Journal of Human Development, 6(2), S. 151–166

Sen, Amartya (2010): Die Idee der Gerechtigkeit. München: C. H. Beck

Sen, Amartya (2010): The Idea of Justice, London: Penguin

Siep, Ludwig (1997): Rawls' politische Theorie der Person. In: Philosophische Gesellschaft Bad Homburg/Wilfried Hinsch (Hrsg.): Zur Idee des politischen Liberalismus. John Rawls in der Diskussion. Frankfurt am Main: Suhrkamp, S. 380–395

Siep, Ludwig (2004): Gibt es eine menschliche Natur? In: Matthias Lutz-Bachmann/Jan Szaif (Hrsg.): Was ist das für den Menschen Gute? Menschliche Natur und Güterlehre/What Is Good for a Human Being? Human Nature and Values, Berlin/New York: Walter de Gruyter, S. 307–323

Singer, Peter (1972): Famine, Affluence, and Morality. In: Philosophy and Public Affairs 1, S. 229–243

Singer, Peter (2002): One World. The Ethics of Globalization, Yale University Press

Straßenberger, Grit (2019): Rezension: Wie liberal ist der Capabilities Approach? Cornelia Mügge und Katja Winkler kommen zu unterschiedlichen Bewertungen. (Ethik und Gesellschaft 1/2019: Öffentliche Theologie).

Streeten, Paul (1981): First Things First. Meeting Basic Human Needs in Developing Countries, Oxford University Press

Sturma, Dieter (2000): Universalismus und Neuaristotelismus. Amartya Sen und Martha C. Nussbaum über Ethik und soziale Gerechtigkeit. In: Kersting, Wolfgang (Hrsg.): Politische Philosophie des Sozialstaates. Weilerswist: Velbrück, S. 257–292

Szaif, Jan (2004): Naturbegriff und Güterlehre in der Ethik des Aristoteles, in: Lutz- Bachmann, Matthias u. Jan Szaif (Hrsg.): Was ist das für den Menschen Gute? Menschliche Natur und Güterlehre/What Is Good for a Human Being? Human Nature and Values, Berlin/New York: Walter de Gruyter, S. 54–100

United Nations: Defining and measuring human development. In: Human Development Report 1990, S. 10. URL: http://hdr.undp.org/sites/default/files/reports/219/hdr_1990_en_complete_nostats.pdf, zuletzt abgerufen am 06.10.2020

United Nations: Human Development Report 1990. URL: http://hdr.undp.org/sites/default/files/reports/219/hdr_1990_en_complete_nostats.pdf, zuletzt abgerufen am 5. Oktober 2020

United Nations: Human Development Report 2000. URL: http://hdr.undp.org/sites/default/files/reports/261/hdr_2000_en.pdf, zuletzt abgerufen am 09.10.2020.

Wall, Steven: Perfectionism in Moral and Political Philosophy. In: Edward N. Zalta (Hrsg.): The Stanford Encyclopedia of Philosophy (Fall 2008 Edition), URL: https://plato.stanford.edu/entries/perfectionism-moral, zuletzt abgerufen am 8. Oktober 2020

Wallach, John (1992): Contemporary Aristotelism. In: Political Theory 20, S. 613–641

Walzer, Michael (1996): Lokale Kritik – globale Standards, Hamburg: Rotbuch

Winkler, Katja (2016): Semantiken der Befähigung. Die Rezeption des Capabilities Approach in der theologischen Sozialethik, Baden-Baden: Nomos

Wolf, Susan (1995): Commentary to „Human Capabilities, Female Human Beings“ by Martha C. Nussbaum. In: Jonathan Glover/Martha C. Nussbaum (Hrsg.): Women, Culture, and Development. A Study of Human Capabilities, Oxford: Clarendon Press, S. 105–115

Wolf, Ursula (1998): Zur Struktur der Frage nach dem guten Leben. In: Steinfath, Holmer (Hrsg.): Was ist ein gutes Leben? Philosophische Reflexionen. Frankfurt am Main: Suhrkamp, S. 32–46

Register

Zeitfracht Medien GmbH
Ferdinand-Jühlke-Straße 7
99095 Erfurt, Deutschland
produktsicherheit@kolibri360.de